Ad Rosam
per Crucem, ad Crucem
per Rosam; in ea
in eis gemmatus
resurgam.

Non nobis
non nobis Domine
sed nominis tui
gloriœ solc
Amen

CATALOGUE

OFFICIEL

Illustré de 160 dessins

DU SECOND

SALON

DE LA

ROSE+CROIX

DE LA

RÉGLE ESTHÉTIQUE

ET LES

CONSTITUTIONS DE L'ORDRE

26 Mars au 30 Avril 1893

PARIS

PALAIS DU CHAMP-DE-MARS

(DÔME CENTRAL)

A.S.

LIBRAIRIE NILSSON
238, Rue Saint-Honoré.

Paris. — Imp. PAUL DUPONT (CL.)

ORDRE LAÏQUE

DE

LA ROSE + CROIX

DU TEMPLE ET DU GRAAL

SECONDE GESTE ESTHÉTIQUE

1893

SALON — THÉATRE — CONCERT

CATALOGUE OFFICIEL

ILLUSTRÉ

DU

SALON

L'ŒUVRE PELADANE

La Décadence latine (ÉTHOPÉE).

I. Le Vice suprême (1884).
II. Curieuse (1885).
III. L'Initiation sentimentale (1886).
IV. A cœur perdu (1887).
V. Istar (1888).
VI. La Victoire du mari (1889).

VII. Un cœur en peine (1890).
VIII. L'Androgyne (1890).
IX. La Gynandre (1891).
X. Le Panthée (1891).
XI. Typhonia (1892).
XII. Le Dernier Bourbon (1893).

PROCHAINEMENT

XIII. La Lamentation d'Ilov. | XIV. La Vertu suprême.

LA QUESTE DU GRAAL

Proses choisies des dix premiers romans avec 10 compositions et un portrait par Séon : 3 fr. 50.

Oraison funèbre du docteur Adrien Peladan . . . . 1 fr. 50
Oraison funèbre du chevalier Adrien Peladan. 1 50

La Décadence esthétique (HIÉROPHANIE).

I à IV. L'Esthétique au Salon de 1881-84. (1 vol in-8°, 7 fr. 50, premier tome l'art Ohlocratique, avec portrait.
V. Félicien Rops (épuisé).
VI. L'Esthétique au Salon de 1884 (L'Artiste).
VII. Les Musées de Province.
VIII. La Seconde Renaissance française et son Savonarole.
IX. Les Musées d'Europe d'après la collection Braun.
X. Le Procédé de Manet.
XI. Gustave Courbet.

XII. L'Esthétique au Salon de 1885.
X. L'Art mystique et la critique contemporaine.
XIV. Le Matérialisme dans l'Art.
XV-XVI. Le Salon de Peladan, 1886-1887 (Dalou).
XVII. Le Salon de Peladan, 1889.
XVIII. Le Grand Œuvre d'après Léonard de Vinci.
XIX. Les deux Salons de 1890 avec trois mandements de la R † C (Dentu).
XX. Les deux Salons de 1891.
XXI. Les deux Salons de 1892.

(Introduction à l'histoire des peintres de toutes les écoles, depuis les origines jusqu'à la Renaissance, avec reproduction de leurs chefs-d'œuvre et pinacographie spéciale, in-4°, format du Charles Blanc. Parus : L'Orcagna et l'Angelico, 5 francs. — Rembrandt, 1881 (épuisé.)

L'ART IDÉALISTE ET MYSTIQUE

Doctrine de la Rose † Croix, 1 vol. in-18 (pour octobre 93).

Amphithéâtre des sciences mortes.

I. Comment on devient mage (éthique), in-8° 1891 (Chamuel).
II. Comment on devient fée (érotique), in-8° 1892 (Chamuel).
III. Comment on devient artiste (sous presse).
Constitutions de l'ordre de la Rose † Croix du Temple. 1 fr. 50

Théâtre (ŒSTRIE).

Le Prince de Byzance (refusé à l'Odéon et à la Comédie-Française).
Babylone (tragédie en 4 actes).
Le Fils des Étoiles, en 3 actes (représentée à la Rose † Croix).
La Rose † Croix, mystère en 3 actes.
Le Mystère du Graal, en 5 actes.

Ad Rosam
per Crucem, ad Crucem
per Rosam ; in ea
in eis gemmatus
resurgam .

Non nobis
non nobis Domine
sed nominis tui
gloriæ soli
Amen

CATALOGVE

OFFICIEL

Illustré de 160 dessins

DU SECOND

SALON

DE LA

ROSE+CROIX

AVEC LA

RÈGLE ESTHÉTIQUE

ET LES

CONSTITUTIONS DE L'ORDRE

28 Mars au 30 Avril 1893

PARIS

PALAIS DU CHAMP-DE-MARS

(DÔME CENTRAL)

A. S.

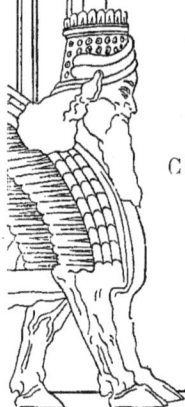

LIBRAIRIE NILSSON
338, Rue Saint-Honore.

MATINÉES

DE

LA ROSE † CROIX

A 3 heures de l'après-midi, au Salon de la Rose † Croix.

Les 5, 7, 9, 11, 13 avril

BABYLONE

TRAGÉDIE EN 4 ACTES

DU

SAR PELADAN

1ᵉʳ ACTE. — *L'Oracle d'Ilov.*
2ᵉ ACTE. — *Le Miracle.*
3ᵉ ACTE. — *Ninive à Babylone.*
4ᵉ ACTE. — *La Mort du Mage.*

Le Sar Merodack..........................	MM. V. HATTIER.
L'Archimage Nakhounta...	DAUMERIE.
L'Archimage Anipnou...	R. † C.
Sennakirib.....	R. † C.
Uruck	
Samsina.	Mˡˡᵉ CORYSANDRE.
Un officier............................. ..	R. † C.

La scène se passe : au 1ᵉʳ acte, dans les Jardins suspendus; au 2ᵉ, sur la Tour de Babylone ; au 3ᵉ, dans le Temple d'Ilov ; au 4ᵉ, dans le Désert d'Haus.

Répétition générale le 29, à 3 heures.

Première représentation le 5 avril, à 3 heures.

Fauteuils, 20 fr.; chaises, 10 fr.; banquettes, 3 fr. — On peut au même prix louer ses places; s'adresser à la Commanderie dès maintenant.

Les 1, 2, 3 avril

LE FILS DES ÉTOILES

WAGNÉRIE EN TROIS ACTES

Mˡˡᵉ NAU jouera ŒLOHIL.

EXTRAITS DE LA RÈGLE

SALON

Le second Salon de la Rose ✝ Croix s'ouvrira pour les exposants le 25 mars, pour la presse le 26, pour ceux que l'Ordre veut honorer le 28, à 10 heures.

Le vernissage aura lieu ce même 28, de midi à 6 heures.

L'ouverture au public est fixée au 1ᵉʳ avril, à 10 heures du matin.

Le prix d'entrée sera de 2 francs avant midi et de 1 franc après midi, sauf le vendredi à 3 francs et le dimanche à 0 fr. 50, ainsi que le lundi de Pâques.

THÉATRE

La tragédie en 4 actes *Babylone* sera jouée cinq fois, les 5, 7, 9, 11, 13 avril, à 3 heures de l'après-midi.

Le *Fils des Étoiles* sera joué trois fois, les 1, 2, 3 avril.

Fauteuils : 20 fr. ; chaises : 10 fr. ; banquettes : 3 fr., sauf le dimanche où le fauteuil est de 5 fr., la chaise de 2 fr., la banquette de 1 franc.

Les prix sont les mêmes en location ; s'adresser au Salon, à la Commanderie.

CONCERTS

Une heure de musique classique, par Mme Saillard Dietz.
Deux séances de violon, par Mme

Le fauteuil : 3 francs ; la chaise : 1 franc ; les banquettes
GRATUITES.

LECTURE AU PIANO de la partition de *Parsifal*, in-extenso, par
BÉNÉDICTUS, avec un discours du Sar.
Pour les 3 séances, fauteuil : 20 francs ; chaises : 10 francs ;
banquettes

D'autres cérémonies auront lieu dont le programme n'est pas
arrêté. Mme Lange jouera le   du diable de Tartini et
la sonate 4, de Bach, au violon.

Vente exclusive au Salon de la Rose ✝ Croix.

LA QUESTE DU GRAAL

Proses choisies de X romans de l'ÉTHOPÉE

LA DÉCADENCE LATINE DU SAR PELADAN

AVEC UN PORTRAIT DU SAR ET DIX COMPOSITIONS HORS TEXTE

Par SÉON

1 vol. petit in-8, couverture illustrée en couleur
(*Se vend au profit de la Rose ✝ Croix*)

CONSTITUTIONS DE L'ORDRE LAÏQUE

LA ROSE ✝ CROIX

DU TEMPLE ET DU GRAAL

**Promulguées pour la première fois
par ordre du Grand Maître SAR PELADAN**

Un vol. format des anciens eucologes, imprimé en bleu sur papier so-
laire, avec couverture dessinée rose et noir et repliée. 72 pages. Par
la poste, 1 fr. 50. Au secrétariat de la Rose ✝ Croix, 2, rue de Commaille. (*S'envoie sur réception de mandat ou timbres.*)

NOMENCLATURE

DES ŒUVRES EXPOSÉES

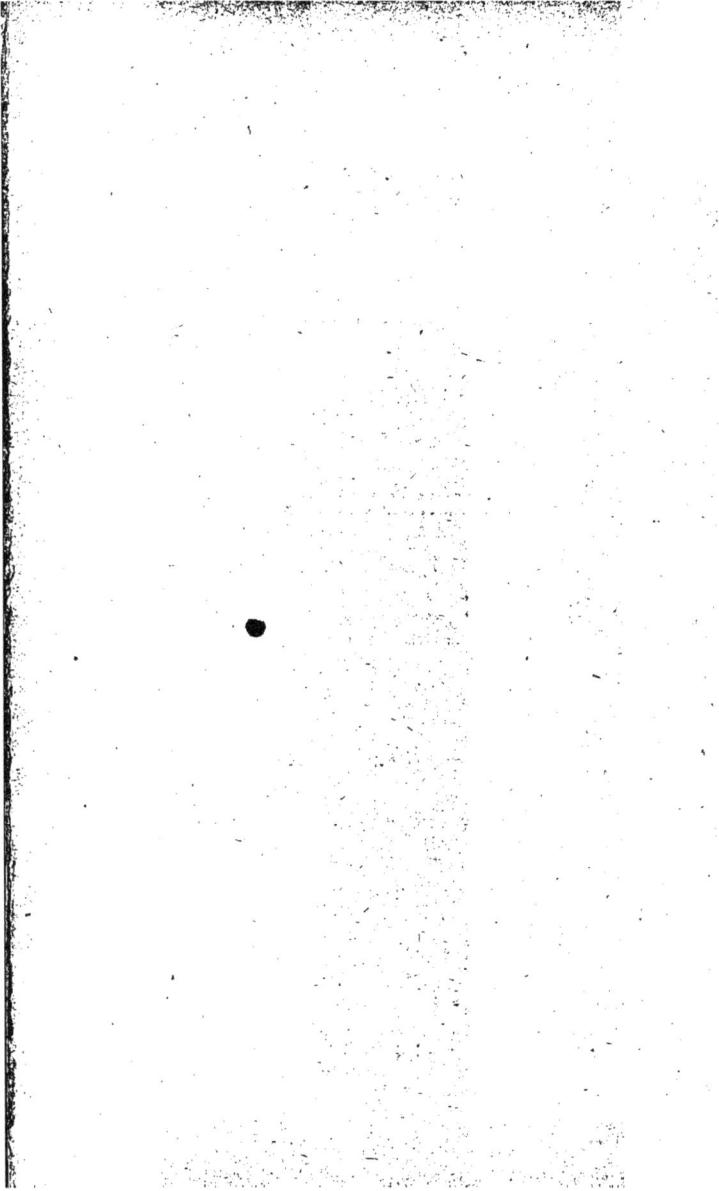

AMAN-JEAN. — 15, quai Bourbon.

1 — *Affiche de la seconde geste esthétique.*
2 — *Rêverie.*

AZAMBRE (Étienne). — 13, rue Bonaparte.

3 — *La Sainte-Famille.*
4 — *Le Rêve de sainte Cécile.*
5 — *Tête de Femme.*
6 — *De Profundis* (esquisse).

BÉRENGIER. — 39, rue de Constantinople.

7 — *Etude de blonde.*
8 — *Patricienne.*
9 — *Énigmatique.*
10 — *Mireille.*
11 — *Hérodiade.*
12 — *Beauté de jadis.*

13 — *L'ironie sexuelle.*

14 — *Le Dauphin.*

15 — *Portrait d'âme.*

16 — *Princesse Lombarde.*

17 — *Prestolet.*

18 — *D'après Lord Byron.*

19 — *Étude lombarde.*

20 — *Étude pour Ariane.*

21 — *Sourire Jupitérien.*

22 — *Léandre.*

23 — *Études.*

24 — *Page.*

25 — *Étude Florentine.*

26 — *Sourire.*

27 — *Hébé.*

28 — *Spazine.*

BETHUNE (Gaston). — 10, rue Michel-Ange.

29 — *Trio* (pastel).

30 — *Ondine* (pastel).

31 — *Bayreuth :* La Terrasse du théâtre (aquarelle).

32 — *Bayreuth :* Pendant la représentation (aquarelle).

BLOCHE (Roger). -- 22, avenue de Saint-Ouen.

33 — *Virginale dolence* (bronze argenté sculp.).

BOJIDAR (Prince Karageorgevitch), 64, avenue du Bois.

34 — *Frappez et l'on vous ouvrira* (aquarelle).

BOUY (Gaston). — 26, rue Victor-Massé.

35 — *Sacrifice.*

BUSSIÈRE (Gaston). — 59, avenue de Saxe.

36 — *Esquisses décoratives* (triptyque).

37 — *Brunhilde.*

38 — *Mort des Preux.*

39 — *Mort de Roland* (esquisse).

CHABAS (Maurice). — 3, rue Bara.

40 — *L'Ange des Grèves.*

41 — *Vision astrale* (pastel).

42 — *Projets de décoration* (esquisses).

43 — *Voix de l'Au-Delà.*

44 — *Spiritualité* (tête).

CIAMBERLANI (A.) — Rue Lockanghin, Bruxelles.

45 — *Illusion.*

CLARK (S.)

46 — *Tanit* (pastel).

47 — *L'Illusion.*

CORNILLIER (Pierre-Émile). — 21, rue Guénégaud.

48 — *L'Inspiration musicale* (Éventail.)

49 à 60 — *Série de douze dessins pour illustrer les poèmes philosophiques de Victor Hugo.*

61-62 — *Deux dessins pour illustrer le « Pilgrimm's Progress by Bunyam ».*

COUTY (Edme). — 91, rue de Prony.

63 — *Chant du soir* (Panneau décoratif).

64 — *Fleur des bois* (Panneau décoratif).

65 — *Mélancolie* (Esquisse d'un panneau décoratif.)

66 — *La Jeunesse* (Dessin, Esquisse d'un panneau décoratif).

67 — *Rêverie mystique* (Aquarelle).

68 — *Eden* (Aquarelle).

DELACROIX (Eugène). — 22, rue de Douai.

69 — *Pietà.*

DELVILLE (Jean). — 45, quai Bourbon, Paris et 31, rue de l'Église, à Saint-Gilles-lès-Bruxelles.

70 — *Impéria.*

71 — *Élégia.*

72 — *Symbolisation de la Chair et de l'Esprit.*

73 — *Vers l'Inconnu.*

74 — *L'Homme du glaive.*

75 — *Mystériosa.*

76 — *L'Annonciateur.*

77 — *Le Murmure profane.*

DESBOUTINS (Marcellin). — 5, rue Bréda.

78 — *Portrait du Sar Peladan*, Grand-Maître de l'Ordre laïque de la Rose † Croix, du Temple et du Graal.

DÉNEUX. — 6, rue Lécluse.

79 — *Ronde des Fées.*

DUTHOIT (   ). — 9, rue des Fourneaux.

80 — *La Vierge de l'Apocalypse.*

ÉDOUARD (A.) — 19, quai Saint-Michel.

81 — *La Poésie Lyrique.*
82 — *La Fin du Ramadan.*

EGUSQUIZA (Raymond de). — 32, rue Copernic.

83 — *Richard Wagner* (eau-forte d'après la seule photographie dont le maître fût content).
84 — *Wagner* (buste, plâtre).

EHRMANN. — 74, faubourg Saint-Géon, à Nancy.

85 — *La Présentation aux étoiles,* Fête des rites de Laotsau.

FABRY (Emile), rue Potagère, 68, Bruxelles.

86 — *Famille.*
87 — *Prison.*
88 — *Méditation.*
89 — *Pensée.*

FEURE (E. de).

90 — *Fleur du mal.*
91 — *Feux follets.*
92 — *Vision.*
93 — *Décoration.*

FOX (G.-B.). — 32, rue de Vaugirard.

94 — *La Résurrection de Lazare* (esquisse, pastel).

GACHONS (André des). — 28, rue Servandoni.

95 — *L'Étang calme* (I. L'Aurore. — II. Les Parfums nocturnes).
96 — *Celle qui songe.*
97 — *Lecture pieuse.*
98 — *Le Poète suit sa Muse.*
99 — *Enfer, Purgatoire, Paradis.*
100 — *Chasteté qui passe* (appartenant à *la Plume*).
101 — *La Guillaneu* (croquis pour l'illustration d'une vieille chanson poitevine).
102 — *Ma Mie Jehanne* (pour illustrer une prose de Jacques des Gachons).
103 — *Les litanies de ma Muse.*
104 — *Vision.*

GAILLARD.

105 — *Mistral*, comte de Provence, d'après un dessin d'Hébert.

GÉRIN (René). — 147, avenue de Villiers.

106 — *Contemplation.*

HABERT (E.). — 5, avenue Philippe-le-Boucher, Neuilly.

107 — *Sainte Elisabeth : le Miracle des Roses.*
108 — *La Légende de Runstephan* (Finistère).
109 — *Princesse* (panneau cuir).

HANNOTIAU (Alex. Aug.). — 118, chaussée de Bruxelles.

110 — *Dans le Parc.*
111 — *Soir en Province.*
112 — *Les Cinq Béguines.*

JACQUES (Léon). — 20, rue de la Buanderie, Bruxelles.

113 — *Le Lys.*
114 — *Parfums du Soir.*
115 — *Le Sphinx.*

JACQUIN.

116 — *Charité.*
117 — *La Nature victorieuse de l'Idée.*

KHNOPFF (Fernan). — 1, quai St-Bernard, Bruxelles.

118 — *I lock my door upon myself.*
119 — *L'Offrande.*
120 — *Victoria.*
121 — Dessins pour une *Sphinge.*
122 — Dessins pour *Victoria.*

LADUMOND. — Paris.

123 — *L'Éternelle Gloire.*

LA LYRE (Adolphe). — 4, rue Saint-Paul.

124 — *La Première Relique.*

125 — *Sainte Cécile, martyre.*

126 — *Sainte Madeleine.*

127 — *L'Appel.*

128 — *Cléopâtre* (esquisse).

129 — *Communion mystique de sainte Madeleine* (esquisse).

130 — *La Fuite en Égypte* (esquisse).

131 — *Sainte Élisabeth* (esquisse).

132 — *L'Étoile du Matin.*

133 — *Idylle.*

134 — *Sainte Perpétue, martyre* (dessin).

LE PETIT (Alfred). — 128, boulevard de Courcelles.

135 — *Une Morte.*

LORIN (Georges). — 7, rue Campagne-Première.

136 — *Le Silence.*

137 — *La Source.*

MALVAL. — 13, rue Molitor.

138 — *Cheval pâle.*

MARCIUS SIMMONS. —

139 — *Esquisse.*

140 — *L'âge de la Foi.*

MASSY (Baron de Massy.)

141 — *Intuition.*

142 — *Dernier regard sur la vie.*

143 — *Après.*

MELL-DUMONT (F.). — 93, avenue de Villiers.

144 — *La Fuite en Égypte.*

145 — *L'Ange à l'Étoile.*

146 — *Les Apôtres.*

MERENTIER (François). — 45, quai Bourbon.

147 — *Armoiries de l'Ordre laïque de la Rose † Croix, du Temple et du Graal.*

Sceau de l'Ordre du Graal.

Armoiries de l'Ordre du Graal.

148 — *Sceau du Grand-Maître.*

Monogramme du Tigre.

MOREAU-NÉRET. — 15, rue Treilhard.

PEINTURE

149 — *L'Amour vainqueur nargue la Sagesse.*

150 — *Erato* (carton de tapisserie, esquisse).

151 — *L'Architecture* (esquisse décorative).

152 — *La Musique sacrée* (carton de vitrail, esquisse).

153 — *La Musique profane*   —

154 — *Diane invulnérable* (esquisse).

155 — *La Terre nourricière* (esquisse).

156 — *Victoire* (esquisse).

157 — *La Récolte des figues* (esquisse.)

AQUARELLES

158 — *Vénus Victorieuse.*

159 — *Junon se venge de Vénus.*

DESSIN

160 — *La Musique.*

MORREN (George). — 51, avenue Montaigne.

161 — *Ce qui a été sera* (fatalité).

162 — *Les Anges semant des Étoiles.*

163 — Recherches pour un carton en exécution : *Une douloureuse Aurore.*

NOEL (Louis). — 108, rue de Vaugirard.

164 — *Saint Thomas d'Aquin* (statue plâtre).

OGIER (Charles). — 159 bis, boulevard Montparnasse.

165 — *Prière du Matin* (pastel).

166 — *Moïse.*

OSBERT (Alphonse). — 7, rue Alain-Chartier.

167 — *Vision.*

168 — *Harmonie d'Automne.*

169 — *L'Adieu au Soleil.*

170 — *Le Sommeil.*

171 — *Causerie du Soir.*

172 — Dessin pour l'*Harmonie d'Automne* (appartient à Pierre de Lano).

OTTEVAERE (Henri). — 31, rue de la Potterie.

173 — *Soir* (dessin).

174 — *Nuit* (dessin).

OUDART (Félix). — 10, rue du Cherche-Midi.

LES INFLUENCES :

175 — I.   *Devant le livre ouvert...*

176 — II.   *Sidéral et Cosmogonique.*

177 — III.   *... Dormante, elle rêve à d'orageuses mers.*

178 — IV.   *Erraticité.*

179 — V.   *Au Seuil!*

180 — VI.   *Sur le Chemin.*

181 — VII.   *La Coupe du Martyre.*

182 — VIII.   *Le Christ est ressuscité!*

183 — IX.   *La Froide.*

PAYNE (Lord Arthur). — 15, rue Vernet.

184 — *Le Bain empoisonné.*

185 — *Religieuse.*

PÉZIEUX. — 38, Avenue Duquesne.

186 — *Tête de Christ* (médaillon).

PIERREY (Maurice). — 56, rue de la Faisanderie.

187 — *Le Rayon de soleil.*

188 — *Vesper.*

POINT (Armand). — 15, rue Vaneau.

— *Au bord de l'Eurotas.*

— *Ophélie* (appartenant à M. de S.).

— *Sourire de Printemps* (pastel, à M. C.).

— *Projet de décoration* (les douze mois de l'année).

DESSINS

189 — *Lion.*

190 — *Lionne.*

191 — *Gravité* (appartenant à M. Muron).

192 — *Ophélie* (appartenant à M. de S.).

193 — *Mystère* (appartenant à M. B.).

194 — *Étude pour un plafond* (appartenant à M. B.).

195 — *Songe* (appartenant à M. B.).

196 — *Sérénité* (appartenant à Mᵐᵉ de S.).

197 — *Curiosité.*

198 — *Étude.*

199 — *Étude.*

RAMBAUD (Pierre). — 61, rue d'Erlanger.

200 — *L'Inspiration* (tête bronze).

201 — *Mystère* (tête bronze).

202 — *Le Rêve* (tête marbre).

203 — *La Pensée* (tête marbre).

REGAMEY (Félix). — 6, rue Goëtlogon.

204 — *Le Vent.*

ROSENKRANTZ (Baron de). — 24, avenue de Saxe.

205 — *Le Christ.*
206 — *La Vision de la Vierge.*
207 — *Psyché* (pastel).
208 — *Près du feu* (pastel).
209 — *La Fuite en Egypte* (esquisse).
210 — *L'Annonciation aux bergères* (esquisse).
211 — *L'Adoration des bergers* (esquisse).

SAINVILLE (Emmanuel de). — 56, rue N.-D.-de-Lorette.

212 — *Kypris-Laksmi.*
213 — *Mélancolie.*

SAVINE. — 43, rue Victor-Massé.

214 — *Rieur* (bois acajou).
215 — *Sainte Anne* (bois sycomore).
216 — *Condottiere* (terre cuite originale).
217 — *Moine* (terre cuite originale).
218 — *Florentin* (terre cuite originale).

SÉON (Alexandre). — 81, rue de l'Abbé-Groult, Paris (Vaugirard).

PEINTURES

219 — *La Vierge.*
220 — *Les Éphèbes.*
221 — *Les Mères.*

222 — *Les Vierges.*

223 — *Les Vieillards.*

224 — *Fleurs et Fruits.*

225 — Figures sur fond or (*La Chasse*).

226 —   »   »   »   » (*La Pêche*).

DESSINS

227 — *Muse mystique.*

228 — *Le Repos.*

229 — *La Fin des Dieux* (à M.)

230 — *L'Aveu.*

231 — *Désespoir de la Chimère.*

232 — *Sin* (Frontispice de Typhonia).

233 — *Endormie.*

234 — *La Province.*

235 — *Baigneuse.*

236 — *Femme aux pâquerettes.*

237 — *Paysage.*

238 — Carton (*Figure de l'Hiver*).

239 — Cartons *Femmes aux Couronnes*).

ÉTUDES

240 — *Nu pour « la Mère ».*

241 — *Nu pour « Jeune Fille ».*

242 — *Etude « le Blessé ».*

243 —   »   *Enfant aux Fruits.*

244 — *Profil de Blonde.*

245 — *Fierté* (tête).

246 — *Sommeil.*

247 — *Nu de « Douleur ».*

248 — *Miss aux cheveux dénoués.*

254 — *Jeune Femme.*

THOLENAAR. — 24, avenue de Saxe.

255 — *Le Soir* (marbre).

256 — *Esquisse* (bronze).

VASSELOT (Marquest de). — 7, rue Talma.

257 — *Balzac* (buste fait en 1863, exécuté en marbre pour la Comédie-Française et pour le musée de Tours).

258 — *Balzac,* âgé de 30 ans, pour Mme Duhamel, née de Surville.

259 — *Balzac* (esquisse pour un monument du Palais-Royal, 1887).

260 — *Balzac*
1871.

261 — *Balzac : La Comédie humaine* (bas-relief de 103 personnages).

262 — *Super vitia pudor* (statuette bronze).

263 — *Super venustatem spiritus* (statuette bronze).

264 — *Ostensoir des religions* (esquisse).

265 — *Evette* (buste cire, trouvé à Passy en 1893).

266 — *Wagner* (médaillon cire).

267 — *Musset* (esquisse de monument.

268 — *J.-J. Rousseau* (statuette bronze, cire perdue, fondue au Japon.

WALGREN. — 14, avenue du Maine.

269 — *Mourir et renaître* (bronze).
270 — *Devant l'église* (bronze), appartient à M. Poterel.
271 — *L'aveugle* (bronze).
272 — *Simplicité* (bronze).
273 — *Douleur* (pierre).
274 — *Déluge* (pierre).

ZILCKEN (Ph.). — Helene-Villa, La Haye.

275 — *Le poète Paul Verlaine*, d'après un croquis de JAN
        TOOROP (pointe sèche).

Nous, par la miséricorde divine et l'assentiment de nos frères
— Grand Maître de la Rose † Croix du Temple et du Graal ;
En communion catholique romaine avec Joseph d'Arimathie, Hugues des Paiens et Dante,

A tous ceux du siècle — afin qu'on s'en souvienne à jamais.

Prosterné devant le Saint-Esprit et implorant sa lumière — supplions l'humanité et l'histoire de pardonner à Notre indignité.

Le prêtre seul touche aux Saintes Espèces ; mais le moindre des chrétiens prendrait pieusement en sa main l'hostie gisante dans la poussière et la garderait avec vénération jusqu'au moment de la rendre au tabernacle. L'oriflamme échappe-t-elle aux mains de l'enseigne, tout milicien présent la doit relever et tenir pendant l'action.

Ainsi, la troisième personne divine Nous apparut oubliée sinon blasphémée, privée d'honneur et de suite ; et au Dieu méconnu, Notre pauvre cœur fut un autel.

Ainsi, les œuvres du Verbe semblaient pâlissantes et désertées : sans mesurer Nos forces, Nous avons assumé un devoir immense où nul ne s'efforçait.

Chrétien recueillant l'hostie, guerrier qui dresse au vent de la gloire, le Beauséant abandonné, humble dépositaire, Nous rendrons à Pierre ces sublimités qui n'appartiennent qu'à lui, lorsque Pierre tendra les bras pour les recevoir.

c

Jusque là, nous échaufferons le Saint GRAAL du battement fidèle de notre cœur; nous militerons contre l'Infidélité, quelques-uns contre presque tous, épanouissant, au souffle de Notre enthousiasme, la ROSE des chefs-d'œuvre.

Nous commandons aujourd'hui, après avoir cherché pendant onze années à obéir, avec une humilité vraie et un sentiment très douloureux de notre imperfection.

Selon la règle des frères mineurs confirmée par la bulle d'Honorius III où il est écrit : « Le Frère François promet obéissance à N. S. le Pape et à ses légitimes successeurs. Pour les autres frères, ils seront obligés d'obéir au frère François et à ses successeurs. » — Notre autorité étant abstraite, est absolue sur les trois ordres et Nous ne relevons en ce monde que du Pape, en l'autre que du Saint-Esprit.

Nous nommerons nous-même Notre successeur, au moment de rendre Notre âme à Dieu, devant le Graal, dans Monsalvat restauré.

Car Notre suzerain Jésus permettra à ses nouveaux fils d'accomplir leur vœu d'idéal.

C'est donc à Monsalvat, dans Notre stalle de Grand Maître, devant le Saint Sacrement, que Nous donnons rendez-vous à la mort.

En ces murs d'un style inventé, couverts de fresques, accotés de statues, en ces murs enfermant, comme autant de chapelles autour du Maître-autel, le laboratoire du savant et la bibliothèque du philosophe ;

En ces murs dont l'écho ne connaîtra que la déclamation d'Eschyle ou le cri de la Neuvième Symphonie : arrêtant un moment la marche funèbre de Titurel, Nous désignerons de Notre main défaillante, qui aura tant œuvré, celui de Nos Gurnemanz, ou de Nos Parsifal, élu à la redoutable gloire.

Nous dévoilons Notre ambition : cette mort. Elle est si sublime que nul ne Nous accusera de chercher un autre succès.

Ici se dressent trois portiques d'Eternité.

Vous, artistes de tous les arts, venez à « la Rose † Croix ».

Vous, volontaires, preux de toutes les prouesses, venez au Temple ;

Vous, prêtres et fidèles, pour servir le Saint-Esprit, venez au Graal.

Vous tous que la rigueur des ordres religieux effraye, vous,

les faiseurs de chefs-d'œuvre, de gestes, de miracles, venez à
Notre appel : « Aimer le Beau plus que soi-même et avoir pour
prochain, pour cher autrui, l'Idéal. » Venez tels que vous êtes,
pécheurs mais poètes, mécréants mais enthousiastes, sans
vertus mais pleins d'œuvres ? venez former la confrérie de
ceux qui se sauvent par la gloire.

Artistes, croyez-vous au Parthénon et à Saint-Ouen, à
Léonard et à la Niké de Samothrace, à Beethoven et à Parsifal : vous serez admis en Rose ✝ Croix.

Lettrés, érudits, philosophes, archéologues, physiciens et
métaphysiciens : que vous soyez de l'Académie ou du Portique,
micrographes ou synthétistes, ô tous courbés sur l'inconnu,
venez, même brahme, même rabbin, même musulman, donner
votre part de lumière et recevoir la clarté d'autrui : et la
Rose ✝ Croix sera l'Aristie véritable.

Volontaires et actifs, fanatiques et enthousiastes, croyez-
vous à la nécessité des héros, des génies et des saints, en face
des égoïstes, des imbéciles et des méchants ? Croyez-vous qu'il
y ait une autre carrière à marcher que celle du dévouement ?
Croyez-vous au verbe du Golgotha ? vous serez admis dans le
Temple.

Virils de de toutes les activités, bonnes volontés de tout état,
riches et ouvriers, par l'or , ou le labeur, venez comme des
fleuves ou des ruisseaux vous jeter en cette mer du zèle enthou-
siaste qui se forme : et le Temple sera la légion angélique sur
la terre.

Enfin, vous, fils de l'Église, fidèles et prêtres, venez vous
instruire des honneurs de beauté dus au S.-Esprit, venez
prier par les œuvres et les actes, et apprendre le devoir chrétien, non plus dans son égoïsme du salut, mais enflammé d'une
passion du cœur qui ne laisse rien en nous pour l'humaine et
dérisoire passion ; vous serez admis devant le Graal.

Chrétiens, Nous vous convions à une nouveauté de la perfection ; la pureté d'intention ne suffit pas au Saint-Esprit : il veut
la victoire. La force des passions, le prestige de l'art, nous
devons les créer dans la Foi et la vertu ; il faut que les Saintes
sourient comme des grâces, que le cœur de Saint François
s'exhale par les lèvres de Platon, et que le Beau soit tout en
Dieu. Sanctifier le génie, génifier la sainteté, voilà le vœu, et
la chevalerie du Graal sera comme un intermonde attendri

encore des parfums souffrants de la terre et déjà baigné des encens paisibles et rayonnants du ciel.

Nos ressources sont infinies : Nous avons la Foi, l'Espérance et la Charité. Rien de ce qui a duré, rien de ce qui existe encore, n'a eu d'autre base que ces bases d'éternité.

Le gage d'une incroyable réussite Nous le voyons dans l'occasion que Nous présentons à la Providence : jamais le moment ne fut aussi mauvais pour innover dans le mysticisme et jamais un fondateur d'Ordre ne fut plus écrasé par sa mission que Nous-même ; mais Dieu qui se servit si souvent des simples, cette fois acceptera un intellectuel quoique pécheur, et comme il employa les charmes d'une juive à sauver son peuple, il daignera Nous prendre pour instrument de son hymne miraculeux.

Nous vous le proclamons avec une certitude qu'aucune image n'exprimerait : par l'œuvre de beauté, par la volonté de lumière, par la prière des actions, vous aurez la double gloire, ô mes Frères, Rose ✝ Croix, Templiers, Chevaliers, ô Nos Fils, qui effacerez Nos mérites, par les vôtres : Car Notre heur se réalisera dans la splendeur de cette famille idéale des génies, des héros et des Mages : et le Grand Maître disparaîtra, justement oublié par les autres grands maîtres qu'il suscitera aux arts, aux gestes, aux miracles.

Voici les Constitutions : attribuez au Saint-Esprit ce qui vous sanctifiera, vous spiritualisant ; et à Notre impéritie d'expression ce qui vous scandaliserait : ces prescriptions de véritable lumière, vous les observerez avec scrupule. Quand une idée s'incarne, elle reste fragile et ombiliquée encore à l'individu où elle s'est terrestrisée.

Nous vous demandons pour un moment de croire à Notre mission, car Notre force ne peut être que votre confiance, comme Notre subtilité n'est déjà que l'abstraction, totalisante en lumière, des brillantes couleurs de vos individualités.

Notre raison de divinité, comme il est dit raison d'État, réside entière dans une réforme de la sensibilité.

La douleur acceptée étant toute la matière du devenir, l'Amour se définit la forme providentielle et attrayante de la douleur.

Cette énigme du sphinx sexuel enfin devinée, le règne du Saint-Esprit se possibilise.

A ce tableau de l'amant et l'amante devenus bourreau et bourrèle, accomplissant l'œuvre nécessaire de la mutuelle torture, quel être conscient ne se révoltera contre une duperie aussi odieuse!

Substituer l'Amour du Beau, l'amour de l'idée, l'amour du mystère à l'amour : voilà l'action que nous allons tenter sur l'âme occidentale.

En créant une passion et une volupté du beau, une passion et une volupté de l'idée, une passion et une volupté du mystère, c'est-à-dire en orchestrant dans une solennité religieuse les émotions du livre, les émotions du Louvre, les émotions de Bayreuth, jusqu'à l'extase.

Et cette extase différente de l'ordinaire animique, soutenue par une activité incessante de réalisation, par un développement ininterrompu d'idéologie.

Ainsi, Nous réparons l'erreur d'Orphée, ainsi nous vengeons sa mort, car nous croirions mal satisfaire à l'adoration de Jésus, si nous méconnaissions ses précuseurs, les Grands Primitifs, les Giotto et les Van Eyck de la Vérité.

Les premiers chrétiens bâtissaient les temples du vrai Dieu sur les ruines des autels païens : nous ruinerons le rite d'Ionie. De ce jour la religion sacrilège de la femme va chanceler et périr : ce que le Mystère et l'Art avaient donné à cette Pandore, le Mystère et l'Art le lui retirent par Notre voix.. Nous lui ôtons le nimbe, don du poète ; parce que l'Amour sexuel est né de la volonté esthétique : qu'il meure aujourd'hui dans les nobles âmes par cette même volonté.

Ce que Nous demandons à Nos Chevaliers, ce n'est pas le vœu de chasteté physique, mais le vœu de viduité morale.

Certes, Nous proclamons la splendeur de la continence, mais c'est le cœur que Nous voulons sauver de la passion.

Nul ne verra parmi les lamentables fils du péché la terrible menace de cette profération : et comme tout s'alchimise pour la plus grande gloire de Dieu, le sourire et le rire qui nous escorteront encore un temps serviront à masquer le danger nouveau à ceux innombrables qui doivent mourir, pour que la spiritualité triomphe. Il Nous a plu de ne pas écrire jusqu'ici le mot de Magie : et cependant les véritables initiés reconnaîtront la concordance totale de nos voies avec les voies hermétiques.

Maintenant, l'arcane du visionnaire va se réaliser : « les attractions sont proportionnelles aux destinées. »

La Rose ✝ Croix florit au seuil du Temple : les épées du vouloir étincellent parmi l'encens ; la sainte colombe peut descendre sur le Graal qui déjà rougeoie.

Hosannah, Rose ✝ Croix ! Hosannah, Templiers ! Hosannah, Chevaliers !

Soyez beaux, soyez forts, soyez subtils.

Le Saint-Esprit va naître ; le Saint-Esprit est né.

Aux œuvres, aux vertus, aux prières ! avec ce cri : Pour l'idéal ! et CARO VERBUM FACTUM EST.

— Ad Rosam per Crucem, ad Crucem per Rosam, in ea, in eis, gemmatus resurgam.

— Non nobis, non nobis, Domine, sed nominis tui gloriæ soli. Amen.

Donné à Paris, sous le triple scel du Graal, du Beauséant et de la Rose ✝ Crucifère, en la fête de tous les saints de l'an de la Rédemption 1892.

Le Grand Maître de la Rose ✝ Croix du Temple et du Graal.

SAR PELADAN.

CONSTITUTIONES

ROSÆ CRUCIS TEMPLI

ET

SPIRITUS SANCTI

ORDINIS

I. — L'ordre laïque de LA ROSE † CROIX du TEMPLE et du GRAAL est une confrérie de Charité intellectuelle, consacrée à l'accomplissement des œuvres de miséricorde selon le SAINT-ESPRIT, dont il s'efforce d'augmenter la Gloire et de préparer le Règne.

II. — Animiquement, IL

Donne faim et soif d'IDÉAL à ceux qui n'ont pour guides que l'instinct et l'intérêt; et c'est l'orientation d'autrui vers la lumière.

Hospitalise les cœurs errants et indécis, les conforte et leur révèle leur voie; et c'est le discernement des vocations.

Vêt de beauté et de possibilité les aspirations imparfaites ou lasses; et c'est une correction des spécialités.

Visite les malades de la volonté et les guérit du vertige de passivité; et c'est une cure de l'anémie morale.

Console les prisonniers de la nécessité matérielle et leur procure la vie cérébrale; et c'est une charité mentale.

Rachète les captifs des préjugés et affranchit de l'opinion, du pays, de la race; et c'est un accomplissement abstrait d'autrui.

Ensevelit les morts augustes dans de pieuses commémorations et répare les torts du destin ; et c'est de la sépulture idéale.

III. — Spirituellement, II.

Instruit ceux qui ignorent les Normes de Beauté, de Charité et de Subtilité, suivant leurs fonctions; et c'est le Rectorat intellectuel.

Reprend chez tout détenteur du pouvoir social les attentats contre la Norme et la tradition; et c'est la surveillance Vehmique.

Conseille ceux qui sont en danger de pécher contre l'Esprit Saint en mésusant de leurs facultés ou de leur or; et c'est la correction fraternelle.

Console le Saint-Esprit de la bêtise humaine en éclairant l'expérience par le mystère de la foi; et c'est un concordat entre la religion et la science.

Supporte personnellement tous les maux pour avoir le droit de défendre l'idée; et c'est l'abnégation au profit du Verbe.

Pardonne à tous ses offenseurs, mais non pas aux offenseurs de Beauté, Charité et Subtilité; et c'est la chevalerie des idées.

Prie les génies comme les saints et pratique l'admiration, afin d'être illuminé ; et c'est le point de rencontre entre la culture et la mystique.

IV. — L'Ordre diffère de tous ses devanciers par ses bases qui sont : au lieu du principe de passivité, *l'individualisme*; au lieu de l'élément animique, *l'intellectualité*.

V. — Il y a trois vœux : d'idéalité et c'est celui d'Écuyer : de fidélité et c'est celui de Chevalier : d'obéissance et c'est celui de Commandeur.

VI. — L'Ordre a quatre buts individualistes :

1° La recherche de l'être d'exception, sa culture et son accomplissement.

2° Le cohortement des êtres d'exception en caste intellectuelle.

3° Cette caste conquérant son existence indépendante de tout, sauf de l'orthodoxie romaine.

4° Cette existence indépendante de tout s'organisant dans l'occident jusqu'à former un État à travers les États, en puissance défensive de ses frères.

VII. — L'Ordre a un seul but animique :

Ruiner l'amour sexuel, la passion, et lui substituer l'abstrait et ses rites esthétiques.

VIII. — L'Ordre a sept buts intellectuels :

1° Donner une méthode et une synthèse aux esprits de vingt ans qui cherchent un contre-poison à l'enseignement universitaire ;

2° Appliquer à la vie élégante, incapable de vertus, la Norme esthétique ;

3° Ouvrir aux femmes la voie de féerie en compensation de l'activité amoureuse qu'on arrête ;

4° Conquérir les plaisirs, et même la mode, à la Beauté ;

5° Faire participer chacun à la science de tous, en créant un corps de spécialistes de rapport perpétuel entre eux ;

6° Hiératiser tout ce que la religion rejette comme profane ;

7° Esthétiser tout ce que le monde abandonne au hasard des tempéraments et des mœurs.

IX. — Ces sept buts intellectuels se manifestent en trois séries d'activité.

La Rose ✝ Croix est la confrérie des œuvrants.

Le Temple l'assemblée des volontaires.

Le Graal le collège des croyants.

L'orthodoxie première est la Beauté.

L'orthodoxie seconde est la Charité.

L'orthodoxie troisième est la Subtilité.

Ce sont des différences plutôt que des degrés : il y a communion entre les séries et non subordination.

X. — Le Rose ✝ Croix n'obéit qu'à l'esthétique de l'Ordre, qui ne lui demande jamais compte de sa vie, quelle qu'elle soit, pourvu que ses œuvres soient idéales.

De même, le savant peut en toute liberté établir ses expériences, lui paraîtraient-elles contradictoires à l'Église. Comme ces contradictions ne sont jamais qu'apparentes et momentanées, il n'y a pas lieu de s'y arrêter : mais le savant Rose ✝ Croix ne pourra tirer aucune conclusion négative de la spiritualité, sinon il ne serait pas admis dans l'Ordre.

De même l'exégète et le philosophe sont libres de documenter en simple loyauté même les événements de la Foi, pourvu qu'ils ne concluent pas contre elle.

Le Templier obéit à l'éthique de l'Ordre, avec un entier dévouement dans la limite de ses devoirs de fils, de frère et de père, seuls valant contre les devoirs de l'Ordre : il s'associe à

la plénitude de la doctrine et jure fidélité à la personne du
Grand-Maître.

Le Chevalier du Graal est prêtre ou catholique pratiquant et
adore le Graal eucharistique, non pas en simple dévotion,
mais en ornant le Temple par tous les arts, en provoquant
toutes les sciences à s'abriter sous la Foi avec leur libre recherche. Car c'est douter de Dieu que de craindre aucune
chose humaine contre les choses divines, et qu'un esprit humain fasse échec au Saint-Esprit.

XI. — Quiconque se croit élu à entrer dans l'Ordre doit
d'abord adresser à la Grande Maîtrise une réponse gravement
méditée aux onze questions suivantes :

1° Qui es-tu?
2° Quel est ton vide?
3° Où tend ta volonté?
4° Comment te réaliseras-tu?
5° Par quelle force?
6° Énonce tes attractions et tes répulsions?
7° Définis la Gloire?
8° Dis la hiérarchie des êtres?
9° Qualifie la sagesse?
10° Appelle le bonheur?
11° Nomme la douleur?

XII. — Si la réponse écrite donne lieu à une approbation de
la Commanderie, le postulant sera mandé afin d'entendre un
avertissement sincère sur les devoirs difficiles qu'il ambitionne :
à moins que sa fermeté ne soit garantie par un Commandeur,
deux Chevaliers, quatre Écuyers, en parrainage.

XIII. — Après un temps, le postulant sera admis à soutenir
verbalement les onze propositions qu'il aura écrites, et s'il ne
persiste pas dans les erreurs de doctrine qu'il peut avoir
émises, il est admis à prononcer le serment idéalité dont voici
la formule.

XIV. — « Je jure sur mon éternel devenir, de chercher,
admirer et aimer la Beauté par les voies de l'art et du mystère ;
de la louer, servir et défendre même à mon péril ; de garder
mon cœur de l'amour sexuel pour le donner à l'idéal ; et de ne
jamais chercher la poésie dans la femme qui n'en présente que
la grossière image.

Je le jure devant Monseigneur Lionardo da Vinci, patron des Rose + Croix ».

XV. — Et ce prononcé, il lui est dit par le Commandeur dominical agissant Magistralement :

« Sois donc Écuyer Rose + Croix, et te souviens de porter fièrement ton cœur, afin que le seul enthousiasme de l'idéal l'habite et l'immortalise. Ainsi soit-il ».

XVI. — Le stage d'Écuyer, sans limitation, dépend des mérites et du zèle. Il participe suivant ses facultés aux travaux de l'Ordre, a droit aux conseils des savants et à l'appui moral et intellectuel de tous.

XVII. — Écuyer qui veut devenir Chevalier, doit opter entre les trois plans, et suivant sa propension :

Postuler la tunique rose et noire du Rose + Croix, s'il ne croit qu'à l'Art et à la Science, au chef-d'œuvre et à l'expérience du document.

Ou la robe blanche à croix rouge du Templier, s'il croit au verbe de Jésus.

Ou enfin la robe bleue du Graal s'il adore la présence réelle dans l'Eucharistie.

XVIII. — La réception du Chevalier peut être faite par un Commandeur, sur l'acte acceptatif de la grande maîtrise. Voici le serment chevaleresque : « Je jure sur mon éternel salut de chercher, admirer, aimer et défendre la vérité dans les faits comme dans les personnes, de la louer et protéger même à mon péril ; de me dévouer à tous ceux qui portent en eux une œuvre ou une flamme, de ne chercher la gloire que dans la perfection d'autrui, d'honorer l'Abstrait d'un culte véritable, et d'obéir en toute chose à son zélateur, mon Grand-Maître ; je le jure devant Monseigneur Dante Alighieri, patron des Templiers ». Ce prononcé, il lui est dit par le Commandeur dominical : « Sois donc Chevalier et te souviens que les mécréants et infidèles sont les seuls ennemis, et qu'il te faut pardonner à tous ceux qui te nuisent et ne venger que les offenses à l'idée : sois donc illuminé, conforté et sauvé par toute la lumière de l'Ordre et va vers Dieu. Ainsi soit-il ».

XIX. — Le Commandeur est choisi par le Grand-Maître pour être son conseiller et son pair et son aide ; il prête serment sur l'Évangile de Saint-Jean, d'éternelle activité de lumière :

« Je jure au Grand-Maître de l'Ordre la fidélité que l'on jure à

un prieur régulier, librement et sans restriction mentale ; j'ac-
complirai tout ordre donné par lui au nom du Saint-Esprit,
me forçât-il à embrasser mon ennemi et à quitter mon ami ; je
me mets comme une épée en sa main : pour le salut et la gloire
du Beau, du Vrai et de l'infinité spirituelle. »

Alors le Grand-Maître le frappe de l'épée crucifère par trois
fois, le relève et lui donne l'accolade : « Sois Commandeur et
mon pair, je te promets une part de toutes les peines, une part
de tous les labeurs et la gloire éternelle. Ainsi soit-il. »

XX. — Telle est la hiérarchie dans les trois ordres :

Commandeur.

Chevalier.

Écuyer.

Servants d'œuvres (les scribes et les gens de métiers).

Les commandeurs et chevaliers sont susceptibles des fonctions temporaires suivantes :

Provincial, centralisant l'activité de l'ordre dans un pays.

Prieur, même office dans une province.

Théore, proconsul en mission, plénipotentiaire.

Consul, représentant l'ordre dans une ville.

Dominical, mandataire du Grand-Maître aux professions, au
Chapitre Noble et aux Conseils.

XXI. — Chaque Ordre s'affilie une confrérie ainsi disposée :

Chapitre noble, les notables bienfaiteurs.

Patrice, titre honorifique donné gratuitement aux supériorités.

Féal, met à la disposition de l'ordre sa fonction sociale.

Affilié, sert l'ordre sans s'y être engagé et comme à l'occasion.

Conseiller de l'Ordre, savant ayant promis ses lumières.

Ariste, adhère par ses études ou ses œuvres à l'idéalité.

XXII. — Il y a autant d'honneur à bien user de la richesse
qu'à supporter le dénûment : afin de réhabiliter le riche,
l'Ordre établit un chapitre noble, avec les titres coutumiers en
France, et attribue avec armoiries et privilèges, des lettres
patentes de baronnie, vicomté et comté. On les mérite en sau-
vant un chevalier de la rigueur des lois ou en s'associant par
le don ou la protection aux gestes Rosicruciennes, Templières
et Graaliennes.

Quant aux marquisat et duché, ils ne peuvent se titrer que
d'une terre ou ruine donnée à moustier.

XXIII. — L'Ordre décernera l'immortalité à ses bienfaiteurs insignes par la poésie, le pinceau, le ciseau et l'éponymat des œuvres.

XXIV. — N'envisageant en ce monde que la Papauté et lui-même, l'Ordre ne s'associe pas à l'opinion et à la justice humaine ; il juge chacun selon la conduite envers le Saint-Esprit et l'Ordre, quel qu'on puisse être sous d'autres rapports :

XXV. — A l'instar des collèges sacerdotaux de l'antiquité, l'Ordre purifie les criminels 'et les relève du désespoir ; après qu'ils ont accompli l'expiation ordonnée.

XXVI. — Le Patriciat est une affiliation d'honneur qui ne se postule pas.

— La Féalité se peut manifester d'elle-même et n'est mise qu'à une épreuve d'activité.

— L'Affiliation dépend d'un premier service rendu à l'Ordre.

— L'Aristie comporte soit une sympathie exprimée et militante, soit une serviabilité d'érudition.

— Le Conseil de l'Ordre est élu selon la compétence en spécialité.

XXVII. — L'Ordre s'éclaire par cinq conseils :

Conseil scientifique.

Conseil artistique.

Conseil littéraire.

Conseil théologique.

La Sénéchallerie commprend les gens d'expérience et de haute dignité, que l'Ordre consulte en beaucoup de cas : afin que sa volonté idéale concorde avec la raison motivée des vieillards et des expérients.

XXVIII. — L'Ordre, réformant la sensibilité et adversaire de la passion sexuelle, ouvre à la femme une carrière d'émotion et d'activité en l'associant comme Zélatrice ou Dame de Rose + Croix seulement : et en aucune occurence ni au Temple ni au Graal.

XXIX. — La Zélatrice est celle qui sert les intérêts sacrés de l'Ordre : en unissant l'initiative à l'obéissance absolue.

XXX. — Après un temps variable, la Zélatrice peut être reçue Dame de la Rose + Croix, si elle s'engage à être la servante de l'Ordre, à suivre ses ordres dans tout le détail de la vie mondaine, en une direction esthétique, rigoureuse.

XXXI. — En retour, la Dame de la Rose + Croix aura le

droit de recourir aux lumières de l'Ordre, aux arts oubliés, de la Naissance, de l'Éducation, de l'Amour et de la Mort.

XXXII. — Si elle exerçait sa perversité sur les chevaliers et les faisait tomber en passion, elle serait mise au ban de Vehme et diffamée.

XXXIII. — L'Ordre ne possède rien que le théâtre présent et à venir du Sar Peladan.

Il attend tout du ciel et de son action sur les esprits et les cœurs.

XXXIV. — L'Ordre prétend faire subir une suprême réaction aux éléments que rejette l'Église ou qui lui échappent, et voici quelques spécialisations élucidantes :

ROSE † CROIX

XXXV. — Elle se manifeste annuellement en mars-avril, par :

1° Un salon de tous les arts du dessin.

2° Un théâtre idéaliste, en attendant qu'il puisse devenir hiératique.

3° Des auditions de musique sublime.

4° Et des conférences propres à éveiller l'idéalité des mondains.

La Rose + Croix ayant la beauté pour orthodoxie a créé une corporation du titre de

PRÉVOTÉ DU PASSÉ

Elle instaure dans chaque ville un esthéticien ayant mission de lui signaler l'état de tous les monuments et d'être le surveillant de toutes les choses d'art.

Un prévôt provincial centralise ces rapports qui donnent lieu à des représentations de l'Ordre, auprès du Roi ou des ministres : si elles restent sans effet, une dénonciation trimestrielle d'abord, plus tard mensuelle, en sera faite au monde cultivé.

— Le prévôt et le consul se doivent concerter pour signaler aussi les vocations artistiques ou scientifiques surtout chez les pauvres et les ouvriers, afin que l'Ordre y veille.

— Selon les influences mondaines dont il dispose, l'Ordre aidera au succès de toute idéalité et impédimentera le réalisme et le vulgaire.

TEMPLE

XXXVI. — Le Templier étend à toutes les formes de l'individualité la sollicitude que le Rose + Croix restreint à l'art et aux artistes; il adhère de toute son activité à l'Ordre, et travaille à sa gloire abstraitement. Il est symboliquement Frère Pontife, réalisateur à la fois des destinées individuelles de la Rose + Croix et du Règne du Graal.

LE GRAAL

XXXVII. — L'Ordre du Graal a pour mission de reconquérir au Grand Art sa place dans le catholicisme: lutter contre l'architecture actuelle, l'imagerie niaise, le cantique idiot, la bondieuserie blasphématrice : prendre dans la Rose + Croix les architectes, peintres et sculpteurs employés aux édifices religieux : il prépare enfin l'Église à redevenir l'Arche de Beauté comme de Subtilité.

Ici finissent les Constitutions telles qu'elles furent écrites pour la première fois l'an 1887 de J.-C.

La Règle, comprenant le cérémonial et les diverses ascèses, sera livrée à la lecture publique, pour l'ouverture du troisième salon de la Rose + Croix.

L'imprimatur donné par le Grand-Maître ce 11 de novembre, l'an 1892 de la Rédemption, en la ville d'Anvers.

SAR PELADAN.

Contresigné des sept Commandeurs dominicaux et des sept esotériques.

ROSÆ CRUCIS TEMPLI

ET

SPIRITUS SANCTI

LAÏCI ORDINIS

CHARTA ESTHETICA SECONDA

Sous le Tau, la Croix grecque, la Croix latine ; devant le Graal, le Beauséant et la Rose Crucifère ; en communion catholique romaine avec Joseph d'Arimathie, Hugues des Païens et Dante, Nous, par la miséricorde divine et l'assentiment de nos frères, Grand-Maître de la Rose ✠ Croix du Temple, très humble serviteur de l'IDÉAL DIEU,

A tous ceux de Notre Ordre et à tous ceux auxquels il appartiendra d'y entrer ou d'y aider, Salut et Gloire éternelle.

Si Paris a vu une tentative de rénovation esthétique, similaire au mouvement pré-raphaeliste des Ruskin, Rossetti, Burne Jones, Watts, malgré des toiles intruses exposées par trahison :

L'honneur en est à la Rose ✠ Croix.

Si Paris a entendu pendant la semaine sainte, à Saint-Gervais-Saint-Protais, les sublimités vocales de Palestrina et des vieux maîtres sacrés :

L'honneur en est à la Rose ✠ Croix qui a fait exécuter la messe du pape Marcello.

Si le salon des Champs-Élysées a tenté de faire entendre les jeunes compositeurs :

L'honneur en est à la Rose ✠ Croix qui avait préparé la sonate du Clair de lune de Benedictus.

Si M. Francisque Sarcey, devant le *Fils des Étoiles*, classique d'écriture, calme et simple de fabulation, a dû, débouté de ses ordinaires prétextes soi-disant traditionnels, s'avouer le naïf ennemi de l'art noble, en n'osant prononcer et prétendant avoir dormi :

L'honneur en est à la Rose + Croix.

Si, aux soirées des 24, 26, 28 mai, au Théâtre d'application, les mondains ont entendu une énonciation magique sur l'amour, l'art et le mystère :

L'honneur en est à la Rose + Croix — en sa première geste esthétique.

La geste seconde 1893 commence par une série de conférences du Grand-Maître en Belgique et en Hollande, et la publication des constitutions de l'Ordre, non plus seulement dans sa branche esthétique, mais selon l'amplitude d'une véritable confrérie universelle des intelligences.

Cette nouvelle année de notre effort manifeste la Divine protection.

Ce qui fut une exposition devient un Salon, rival des deux autres, et le théâtre Rose—Crucien à côté de l'idylle kaldéenne représente la tragédie de Babylone, œuvre d'un art sévère, d'une intention sacerdotale.

La musique aura ses fêtes avec le piano de Mme Saillard-Dietz, les ensembles vocaux que dirige M. Christian Gallia, le violon de Mme Corry-Lange...

Et afin que l'on voie le chemin parcouru et quelles idées l'ordre a su imposer à la compréhension des journalistes : nous donnons ici la règle du Salon, désormais annuel, de la Rose + Croix.

RÈGLE DU SALON ANNUEL

DE LA

ROSE✝CROIX

~~~~~~~~~~~~~~~~

I. — But

L'Ordre de la Rose ✝ Croix du Temple a pour but de restaurer en toute splendeur le culte de l'Idéal avec la Tradition pour base et la Beauté pour moyen.

II. — Définitions

La doctrine esthétique de la Rose ✝ Croix est exposé en un volume sous presse pour octobre et intitulé :

L'art idéaliste et mystique, doctrine de l'Ordre de la Rose ✝ Croix par son Grand-Maitre.

Nous en extrayons ces définitions :

L'Art est l'ensemble des moyens expressifs de la Beauté.

La Beauté résulte de la convenance parfaite entre une conception et le procédé qui l'exprime.

L'Idéalité, seule règle dans la recherche de la Beauté se définit : une version de l'Archétype, c'est-à-dire toute la perfection attribuable à une forme.

III. — Caractère de l'invitation

Le sens théocratique de l'ordre de la R ✝ C n'engage aucunement les artistes, et leur individualité reste en dehors du caractère de l'Ordre.

Ils sont seulement invités, et par conséquent nullement solidaires au point de vue doctrinal.

IV. — Sujets honnis

Voici les sujets repoussés, quelle que soit l'exécution, même parfaite.

1° La peinture d'histoire, prosaïque et illustrative de manuel, telle que les Delaroche;

2° La peinture patriotique et militaire, telle que les Meissonier, Neuville, Detaille, sauf la Chouannerie;

3° Toute représentation de la vie contemporaine, ou privée ou publique;

4° Le portrait — sauf comme honneur iconique;

5° Toute scène rustique;

6° Tout paysage sauf celui à la Poussin;

7° La marine, les marins;

8° Toute chose humoristique;

9° L'orientalisme seulement pittoresque;

10° Tout animal domestique et se rattachant au sport;

11° Les fleurs, les bodegones, les fruits, accessoires et autres exercices que les peintres ont d'ordinaire l'insolence d'exposer.

V. — *Sujets accueillis*

L'Ordre favorisera d'abord l'Idéal catholique et la Mysticité.

Au-dessous de la Légende, le Mythe, l'Allégorie, le Rêve, la Paraphrase des grands poètes et enfin tout Lyrisme, en préférant comme d'essence supérieure, l'œuvre d'un caractère mural.

Pour plus de clarté, voici les sujets qui seront les bienvenus :

1° Le Dogme catholique et les thèmes italiens de Margharitone à Andréa Sacchi;

2° Les thèmes poétiques, légendaires;

3° L'Allégorie, soit expressive comme « Modestie et Vérité » soit décorative, comme l'œuvre de Puvis de Chavannes;

4° Le nu sublimé, le nu de style, à la Primatice, à la Corrège; ou la tête d'expression noble à la Léonard, à la Michel-Ange.

VII. — *Sculpture*

La même règle s'applique à la Sculpture.

On accueillera également l'harmonie ionienne, la subtilité gothique et l'intensité de la Renaissance.

Sont repoussés : la sculpture historique, patriotique, contemporaine et pittoresque, c'est-à-dire celle qui ne présente que le corps en mouvement sans expression d'âme. Aucun buste ne sera reçu, sauf par une dérogation spéciale, comme honneur iconique,

VIII. — *Admission technique*

Le Salon de la Rose ✠ Croix admet toutes les formes de l'art du dessin depuis la simple mine de plomb de l'esquisse jusqu'aux cartons de fresque et vitrail.

IX. — *Architecture*

L'Architecture ! Cet art étant mort en 1789, on n'acceptera que des restitutions ou des projets de temples et de palais féeriques.

X. — *Aux ouvriers d'art*

Conformément à la tradition des Rose-Croix architectes, l'Ordre
accueillera l'ouvrier qui aura fait *œuvre d'artiste* dans le travail
des métaux, le meuble ou même le dessin ornemental.

Son ouvrage devra satisfaire à nos règles esthétiques; pour plus
de clarté, nous considérons Jean d'Udine et Polydore de Caravage,
comme les maîtres de l'ornement noble.

L'ouvrier écrira au secrétariat de l'Ordre, et quelqu'un de nous
ira juger de l'ouvrage et de sa possible exposition.

XI. — *Jury — Cotisation*

Il n'y a ni jury, ni cotisation.

XII. — *Visite aux œuvres*

L'Ordre procède par invitation d'abord vis-à-vis de l'artiste;
ensuite vis-à-vis des œuvres elles-mêmes, que le Sar ira voir à
l'atelier dans le mois précédent le Salon.

XIII. — *Formes*

Quoique l'Ordre ne prétende décider que de l'idéalité d'une
œuvre : il repoussera cependant, le sujet fut-il mystique, toute
œuvre où les proportions du corps humain, les lois de perspective,
enfin les règles techniques seraient insolemment violées.

Appel éclectique

L'Ordre s'efforce de convertir au Beau et de ramener à l'Idéal
les artistes en possession d'une bonne technie. Il ne se flatte point
de créer de sitôt de nouveaux talents.

Donc, celui qui produirait un ouvrage conformé au programme
de la R ✝ C, quoique son œuvre antérieure fût différente et
réaliste, sera accepté, l'Ordre ne jugeant que de ce qui lui est
présenté et non de l'antécédance.

Il est ainsi loisible à tout artiste présenté par un des membres
fondateurs de réclamer la visite du Sar à son atelier dans le mois
qui précède le Salon.

Même, l'artiste, sans aucun parrain, peut envoyer son œuvre
une semaine avant le vernissage.

XIV. — *Étranger*

Pour l'Ordre de la Rose ✝ Croix, le mot étranger n'a aucun sens.
Ce Salon revêt au plus haut point le caractère international.

Dans les capitales et les principales villes de France, l'Ordre a
des consuls chargés de signaler et d'envoyer la photographie et
les dimensions des œuvres.

Toutefois, à moins d'en avoir donné l'assurance spéciale, la
Grande Maîtrise n'est pas engagée par les actes consulaires.

XV. — *Paris*

Deux mois avant le Salon, les artistes fondateurs et invités doivent envoyer à la Grande Maîtrise une notice contenant nom et adresse, sujet et dimension et dessin pour le catalogue illustré.

XVI. — *Préférence*

En thèse, l'Ordre préfère les statuettes aux statues et les tableaux de chevalets, aux grandes toiles ; il peut déroger à ce point, mais il avertit de sa partialité.

XVII. — *Femmes*

Suivant la loi magique, aucune œuvre de femme ne sera jamais ni exposée ni exécutée par l'Ordre.

XVIII. — *Perte ou avarie*

La Rose ✝ Croix prévient que les œuvres figurant au Salon ne sont pas assurées.

En cas de perte ou d'avarie, l'Ordre décline toute responsabilité pécuniaire.

Inauguration d'honneur

Il y aura, une inauguration d'honneur, avant le vernissage, offerte aux ambassadeurs et aux personnes que l'Ordre veut honorer.

XIX — *Date*

Le second Salon de la Rose ✝ Croix aura lieu en mars et avril 1893.

Pour la désignation du local et les dates d'envoi, de vernissage, jusqu'au jour où l'Ordre aura son moustier de Paris, s'informer par lettres au secrétariat, 2, rue de Commaille, et consulter la *Rose ✝ Croix*, organe trimestriel de l'Ordre.

Enfin pour nous défendre d'indignes ennemis et montrer que nous rendons à l'Église ce qui est à l'Église et à l'Art ce qui est à l'Art, et que notre catholicisme ne fera jamais tort à notre religion du Beau, voilà notre remontrance au cardinal Goossens.

ACTA ROSÆ CRUCIS TEMPLI ET SPIRITUS SANCTI

A Son Éminence le Cardinal Goossens, Archevêque de Malines,
Primat de Belgique, Salut et Lumière en N.-S.-J.-C.

Vous avez empêché Notre prédication à Malines par raucune de l'exécration légitimement lancée contre le Congrès de cette ville qui blasphéma le Saint-Esprit et calomnia Baudelaire, d'Aurevilly, Villiers de l'Isle Adam, Verlaine et Nous-même.

Aujourd'hui Nous Vous faisons par ce mandement une remontrance formelle sur un double abus, également abominable selon les saints canons et devant l'idéal éternel.

De quel droit fermez-vous l'église tant que dure le jour ? Ignorez-vous que ce refuge sacré doit demeurer ouvert à la méditation, au repentir, à la prière, aux nobles rêveries.

N'avez-vous jamais confessé pour ignorer que les individualistes, les plus rares et précieux des êtres n'entrent dans le temple que lorsqu'il est vide de foule ?

Ainsi vous fermez la maison de Dieu aux chrétiens, pour les rançonner.

La moindre chapelle de votre beau pays ne s'ouvre, comme un mauvais lieu, qu'à prix fixe !

Et quand le visiteur est dans la nef une sorte de chantage commence ; chaque tableau de maître, chaque chef-d'œuvre apparaît caché par une sordide toile verte : et pour le voir un instant, il faut payer, ô vendeur du Temple !

Eh bien ! Eminence, Nous sommes celui qui n'a pas vu la *Descente de Croix*, à la Cathédrale d'Anvers, pour que vous soyez devant la Papauté et la postérité celui-là qui prive un artiste pauvre de la vue d'une merveille d'art ; et ce sera une tache sur Votre nom, parce que le Nôtre appartient à l'avenir.

De quel droit, Archevêque, mettez-vous la lumière sous le boisseau et la couleur dans les ténèbres et le chef-d'œuvre sous une lustrine ?

Vous gémissez sur les œuvres profanes, vraiment, quel sort faites-vous aux œuvres sacrées ?

Les païenneries rayonnent dans les musées ; heureux qui a peint des nudités et des mythologies, tous l'admirent librement. Quant aux mystiques infortunés, aux génies sacrés, vous les damnez, ô Cardinal ; la lumière du chef-d'œuvre, impie, vous la vendez.

Ignorez-vous que les œuvres dépérissent comme des êtres, si on les prive de lumière ; que le frottement de vos lustrines use les meilleures œuvres ; que le battement des volets fendille le tryptique, et que vous êtes un iconoclaste et un assassin des chefs-d'œuvre.

Apprenez de nous, Eminence, que *l'Adoration de l'Agneau mystique*, d'un Van Eyck, ou la *Châsse de Sainte Ursule*, convertira des pécheurs qui riraient de vos propres discours sans art ni science.

Comme j'invitais les artistes de la Rose ✝ Croix belge à reprendre la voie mystique des Metzys, des Bouts, des Lucas de Leyde : « Non, me dirent-ils, nous ne voulons pas opérer pour les ténèbres d'un voile vert les miracles de la couleur, nous ne voulons pas qu'un Goossens fasse servir nos efforts à rançonner nos pauvres frères de l'avenir. »

Je vous accuse donc, Eminence, d'attenter à la troisième personne divine en livrant à la rapacité de vos bedeaux et sacristains les saints de l'art.

Le chef-d'œuvre est une relique ; il fera des miracles dont vous êtes incapable, laissez-le resplendir. Laissez les pauvres approcher du Beau, laissez les artistes contempler les discours de leurs maîtres qui seuls les convertiront ; ou bien avouez que vous êtes barbare, protestant et indigne de ce chapeau qui, pendant tant de siècles, fut l'insigne des plus nobles patrons et protecteurs de l'art.

La remontrance d'aujourd'hui précède la dénonciation au Vatican. Rendez la lumière aux Van Eyck, rendez le chef-d'œuvre aux pauvres artistes, rendez Memling à tous, afin qu'ils miraculisent, et vous serez exalté en ce monde et en l'autre. Sinon, vous verrez venir, armés du scandale, de nouveaux fanatiques qui, jusque dans vos palais, à l'instar de vos ancêtres qui aimèrent si bellement la liberté, crieront jusqu'à victoire : La lumière aux chefs-d'œuvre, et le chef-d'œuvre à tous au nom de Jésus-Christ.

Je suis, en l'Eglise catholique, apostolique et romaine, ma mère, votre animiquement respectueux,

SAR PELADAN,
Grand Maître de la Rose ✝ Croix, du Temple et du Graal.

Bruxelles, ce 13 novembre 1892.

CATALOGUE ILLUSTRÉ

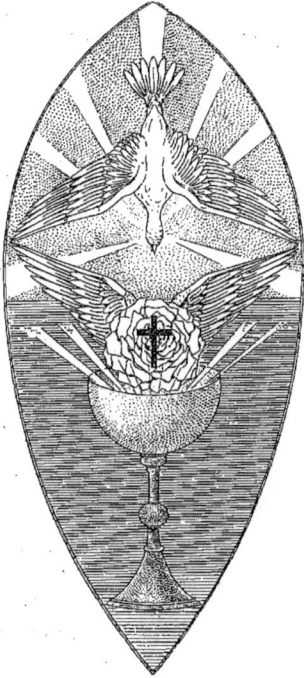

MÉRINTIER. — *Sceau du Graal*. — Troisième Confrérie de la
Rose † Croix du Temple.

AMAN (JEAN). — *La Femme à la rose.*

AMAN (JEAN). — *Elude.*

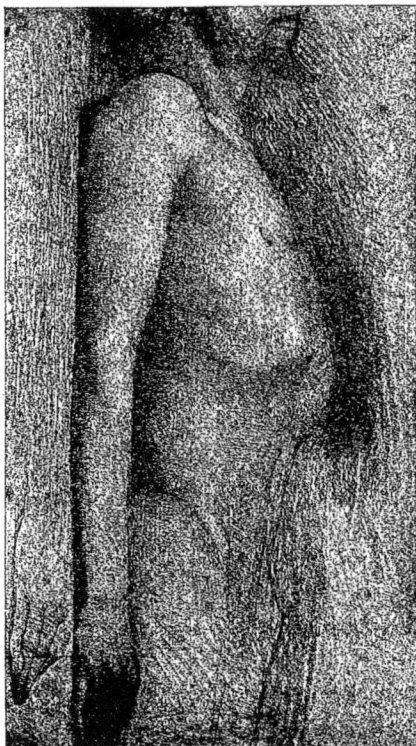

AMAN (JEAN). — *Etude pour le Christ mort.*

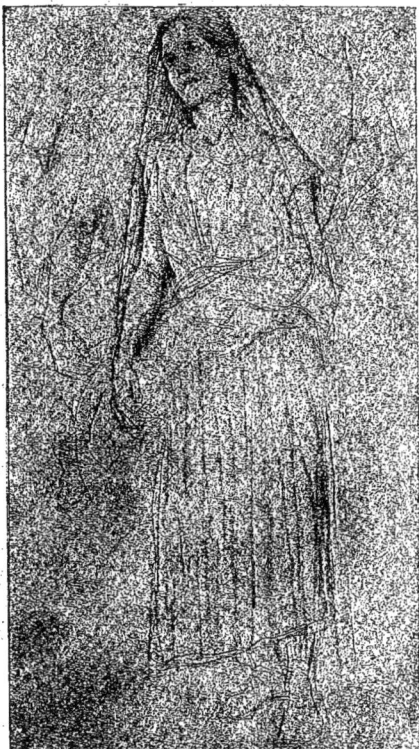

AMAN (JEAN). — *Etude.*

Delville (Jean). — *L'Homme au glaive.*

POINT (ARMAND). — *Profil.*

POINT (ARMAND). — *Attentivité.*

POINT (ARMAND). — *Etude de sourire.*

Point (Armand). — *Baigneuse* (*étude*).

Séon (Alexandre). — *L'Aveu.*

Seon (Alexandre). — *L'Eté, panneau décoratif.*

Astor (Sir Arthur Percq). — *Allégorie, sépia.*

FOSCO (ANDRÉA). — *Etude pour une Assomption.*

MOREAU-NÉRET. — *Etude décorative de plafond.*

Bérengier (Th.). — *Étude pour une Ariane.*

OSBERT. — *Etude.*

JOVEN. — *Plafond de théâtre.*

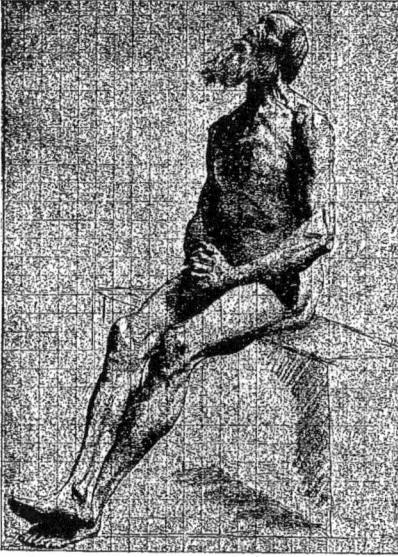

Osbert. — *Étude pour un saint Pacôme.*

OUDART (F.). — *La Froide.*

OUDART (F.). — *Sur le chemin.*

Bérengier. — *Etude pour un Portement de croix.*

BOURDELLE — *Scène macabre.*

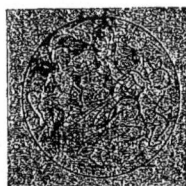

MOREAU-NÉRET. — *Médaille décorative.*

MOREAU-NÉRET. — *Pendentif.*

Dossi (Giacomo). — *Vierge et deux Saints.*

MOREAU-NÉRET. — *Pendentif.*

MOREAU-NÉRET. — *Etude de plafond.*

OSBERT. — *Etude.*

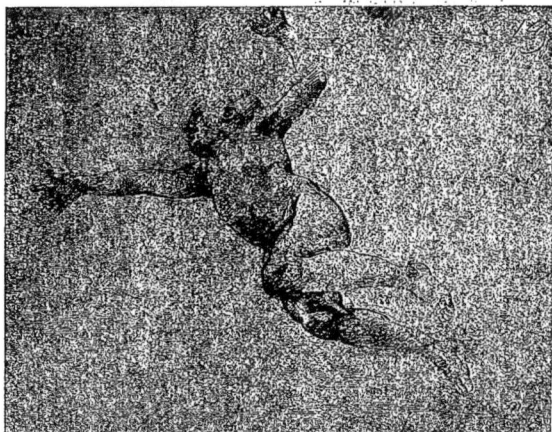

MOREAU-NÉRET. — *Etude.*

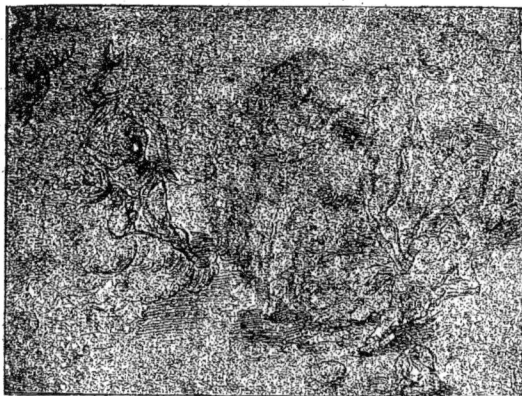

D'OUTHOT (G). — *Etude pour une Création de la Femme.*

OSBERT. — *Visio*.

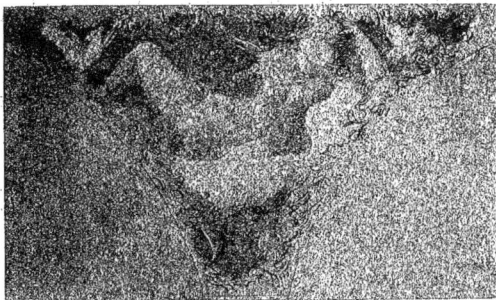

MOREAU-NÉRET. — *Pendentif.*

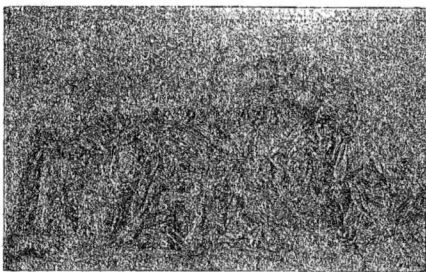

LEVREUX. — *La mort d'un Prophète.*

OSBERT. — *Allégorie de l'Automne.*

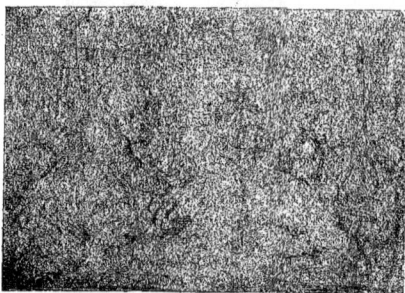

Petrowitch (J.). — *Amours.*

OSBERT. — *Etude.*

MOREAU-NÉRET. — *Etude*.

Passeri. — *Assomption (étude).*

Nérac (M.) — _Bénédiction d'Isoal._

Moreau-Néret. — *Lettres aux cupidons.*

PASSERI. — *Nativité.*

MOREAU-NÉRÊT. — *Plafond.*

GÉRONIMO. — *Étude pour un décor*

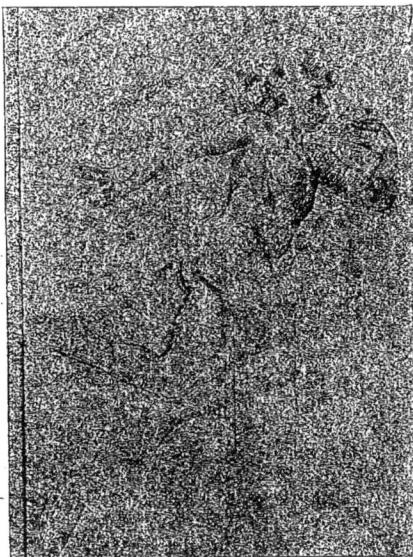

MOREAU-NÉRET. — *Etude*.

Bacaio (J.) — *Allégorie homérique.*

MOREAU-NÉRET. — *Etude pour une suite des mois :
Décembre.*

PASSERI. — *Sacrifice d'Elie.*

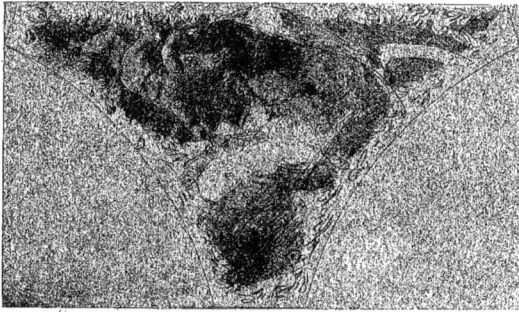

MOREAU-NÉRET. — *Pendentif.*

BÉRENGIER. — *Grecque de la décadence.*

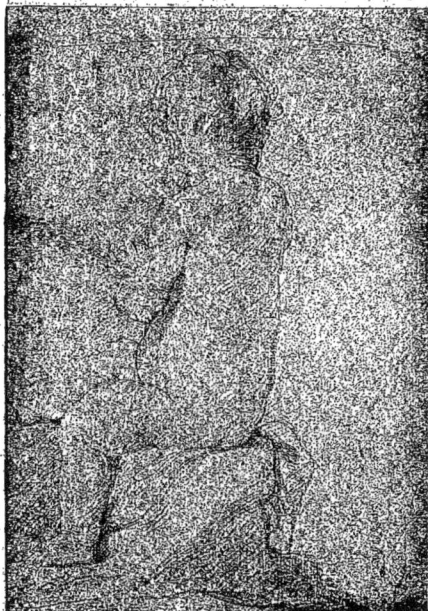

Jouven. — *Amour.*

MOREAU-NÉRET. — *Etude*

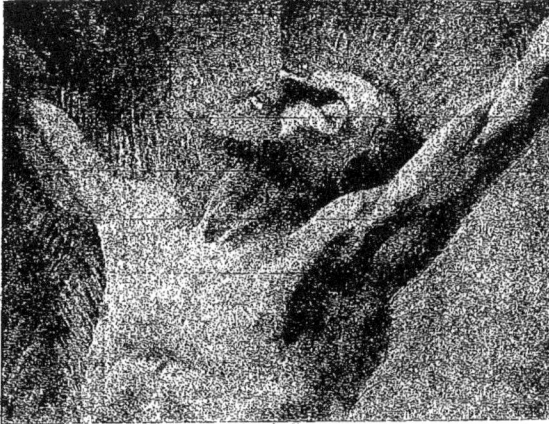

Osbert. — *Etude pour un Christ.*

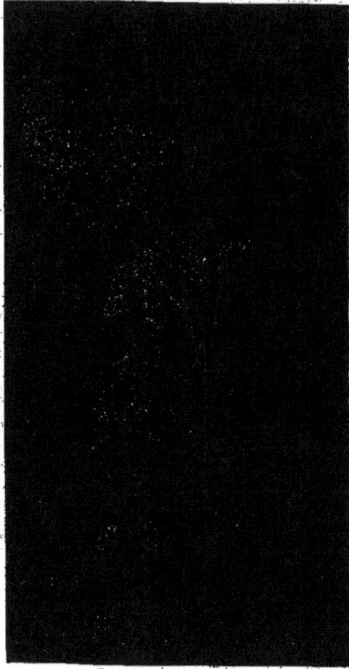

SEON (ALEXANDRE). — *Frontispice du Crépuscule des dieux de Henri Nazel.*

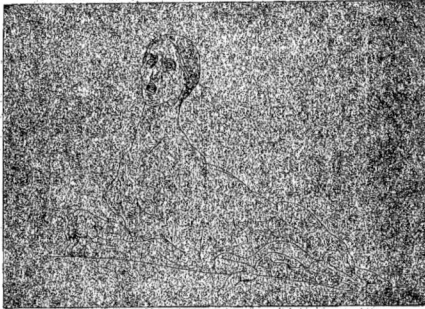

SEON (ALEXANDRE). — *Etude pour la Douleur de la Chimère.*

Du Pasquier (Bernard). — *Etude pour un Amfortas.*

(SIMÉON (P.). — *Etude pour l'archimage Nakhorenta de la tragédie Babylone.*

Smedt (R. de). — *Satyre.*

MONCENI (D.). *Extase.*

MOREAU-NÉRET. — *Eros et Minerve.*

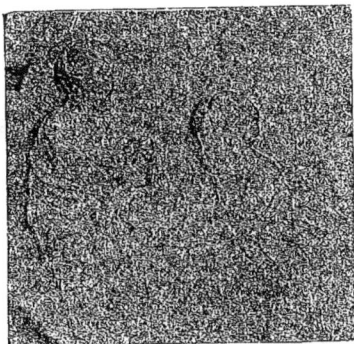

JOUVEN (J.). — *Amours*.

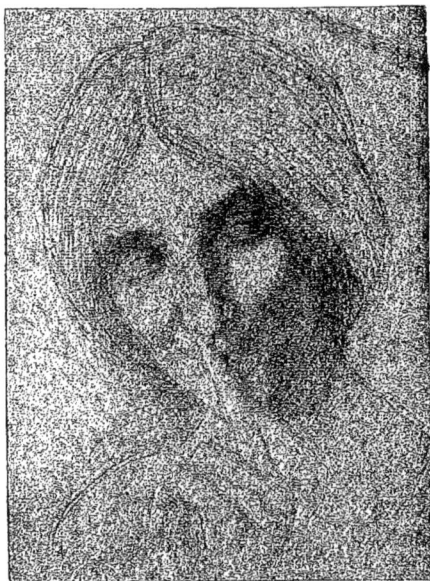

POINT (ARMAND). — *Première étude de sourire.*

BÉGAMEY (FÉLIX). — *Le Vent.*

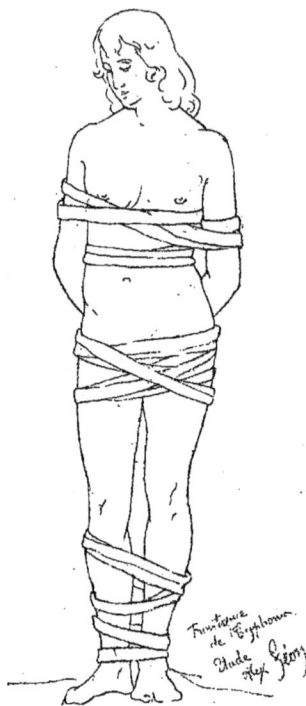

SEON (ALEXANDRE). — *Frontispice pour Typhonia, onzième roman de l'Ethopée, la Décadence latine.*

JACQUIN. — *Charité*.

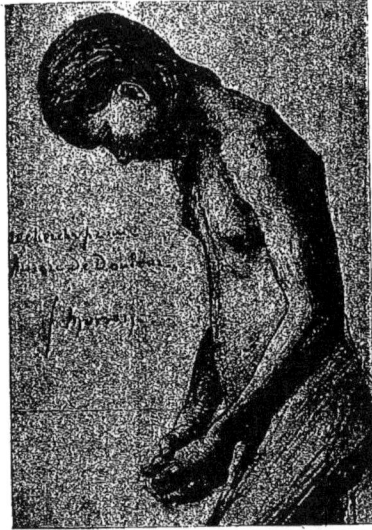

MORREN (J). — *Aurore dé douleurs.*

MÉRINTIER. — *Sceau du saint Graal, restauré.*

Des Boutin (Marquis Marcellin). — *Portrait du Sar Mérodack J. Péladan, grand-maître de la Rose † Croix du Temple et du Graal.*

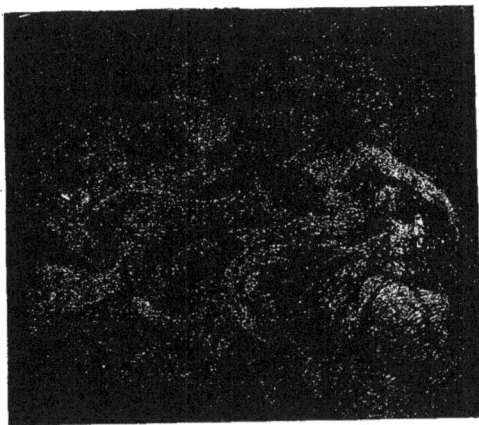

BLANCHARD. — *Eros couronnant Psyché.*

LA VIERGE

SEON (ALEXANDRE). — *Vierge.*

PASSERI (J.). — *Assomption.*

Nouvion. — *Etude pour saint Bonaventure enfant.*

ZILCKEN. — *Etude pour l'affiche des Conférences du Sar en Hollande.*

MÉRINTIER. — *Blason de l'ordre laïque de la Rose † Croix du Temple et du Graal.*

MELOZZO. — *Saintes Femmes au tombeau.*

Moreau-Néret. — *Décoration*.

BARDON. — Allégorie.

PLOUMIT. — *La Samaritaine.*

BUONSIGNE. — *Pieta.*

MOREAU-NÉRET. — *Eros.*

Coulon. — *Etude pour une sainte Cécile.*

MOREAU-NÉRET. — *Allégorie.*

JOUVET. — *Eros enfant.*

BOURDELLE — *Etude.*

MOREAU-NÉRET. — *Diane.*

Tonio (G.). — *Médaillon de F. Barbey d'Aurevilly.*

Jouven. — *Sommeil de l'Amour.*

La Fage (R de). — *Mariage de la Vierge.*

ROSENCRANTZ (A. DE). — Sainte.

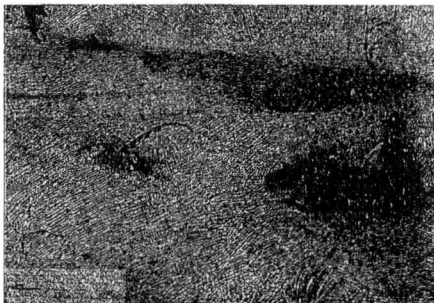

BOURDELLE. — *Désolation.*

MOREAU-NÉRET. — *Pendentif.*

LEGRAND. — *Frontispice pour le Vice suprême, premier roman de l'Éthopée la Décadence latine.*

MORREN. —*Médaille.*

MORREN. — *Etude.*

MOREAU-NÉRET. — *Allégorie.*

PLACIDE (C.). — *Liseuse*.

MÉRINTIER. — *Tigre au pantacle, sceau du Sar.*

BÉRENGIER. — *Madone*

OSBERT. — *Tête pour l'Hymme à la mer.*

AMAN JEAN. — *Etude*

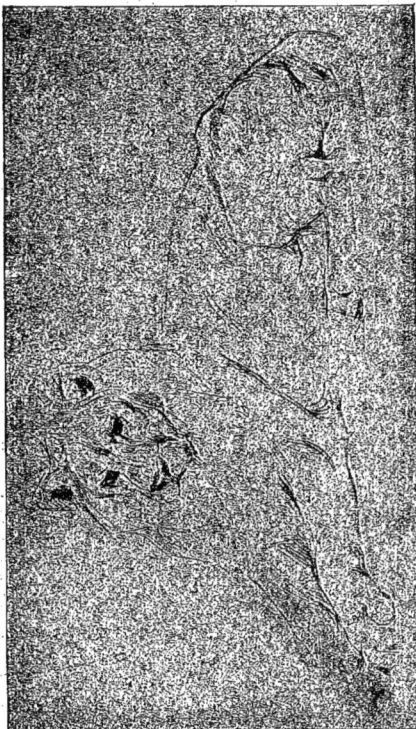

AMAN (JEAN). — *Etude.*

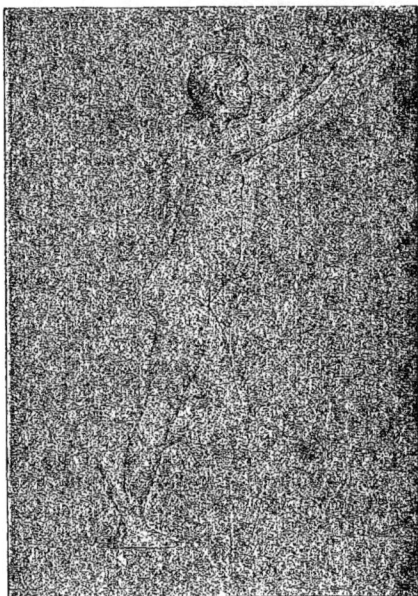

SEON (ALEXANDRE). — *Etude*.

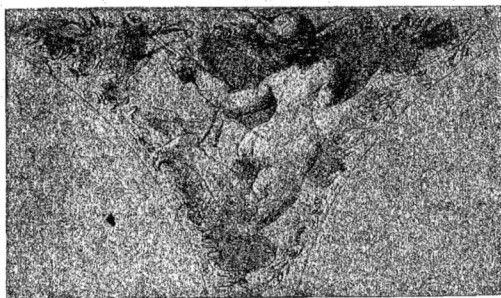

MOREAU-NÉRET. — *Mercure (étude)*.

BOUCHARDON. — *Vénus et l'Amour.*

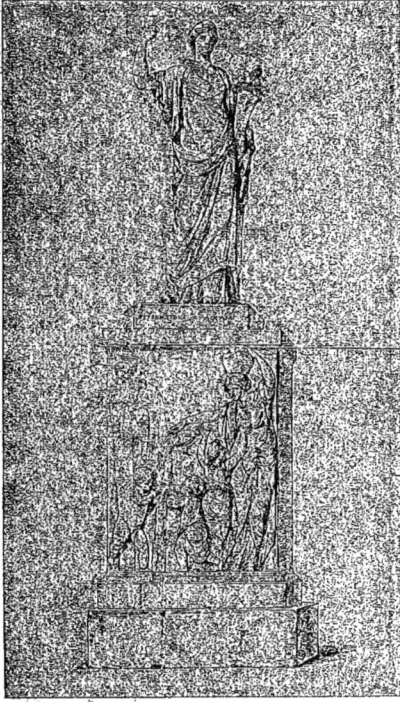

ANDRÉA (S.). — *Etude de Cérès.*

NICOLAS. — Frise payenne.

Point (A). — *Étude de lionne.*

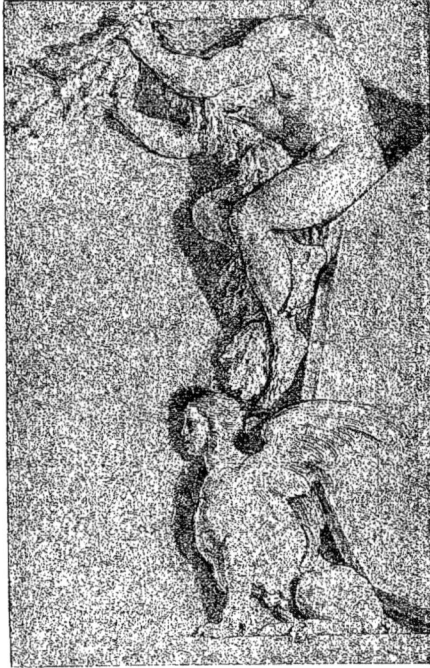

Tinant. — *Cariatide.*

DALTO. — *Mausolée.*

GUÉRIER. — *Mise au tombeau.*

MOREAU-NÉRET. — *Allégorie.*

ANNIBAL. — *Pietas*.

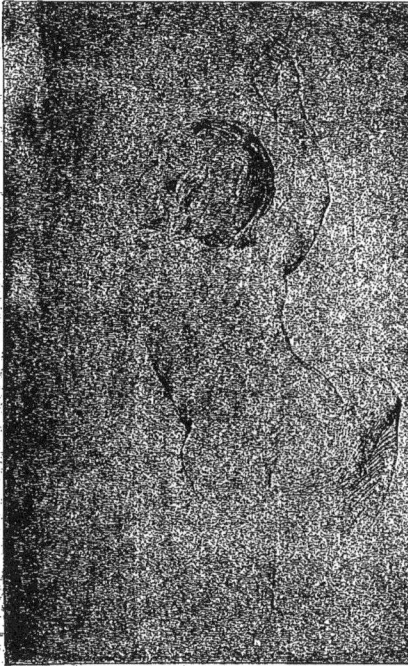

MOREAU-NÉRET. — *Etude d'Amour.*

8

DE NEUX. — *Tête.*

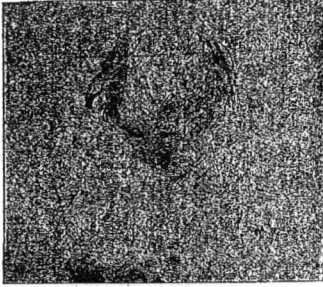

Moreau-Néret. — *Etude*.

ANTARÈS. — *Tête*.

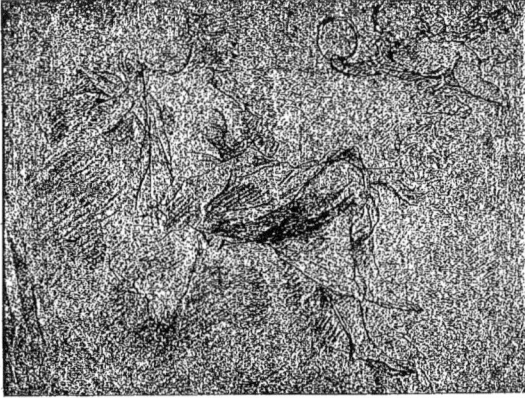

Dossi. — Vénus.

FARETTI. — *Amours.*

FARETTI. — *Amours.*

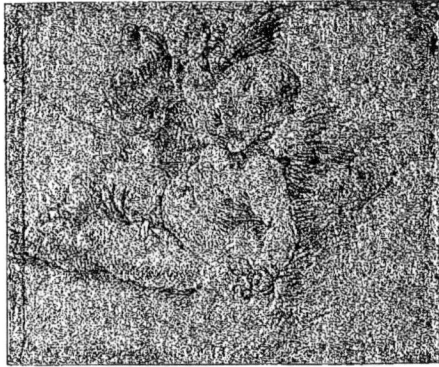

Antoine (W). — *Amours.*

Dossi. — *Saint François.*

SANIER. — *Etude d'enfant.*

DELVILLE (LÉON). — *Fragment.*

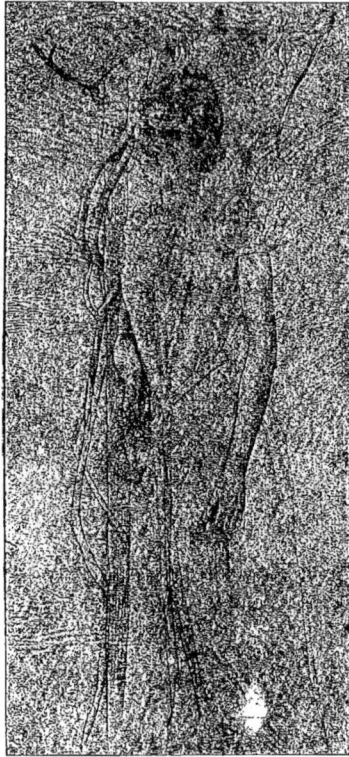

Point (A.) — *Pré Raphaélisme.*

La Fage (R. de). — *Satyre.*

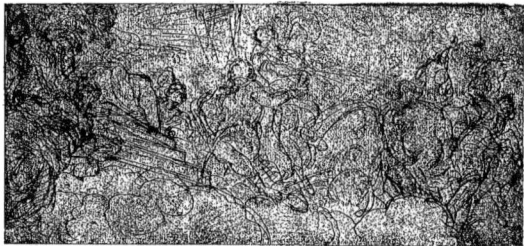

PORDENONE. — *Psyché pardonnée.*

JACQUIN. — *Etude pour son tableau.*

MEILET — *Étude.*

ANNIBAL (C.) — *Saint François*

9

DELVILLE. — *Symbolisation de la Chair et de l'Esprit.*

PASSERI — *Guerrier.*

BOURDELLE. — *Morte*

BAUDIN. — *Études de nu.*

HELMONT (V) — *Martyre de saint André*.

Etude.

ALIGI. — *La cour du Soleil*

SÉON (A). — *Etude*

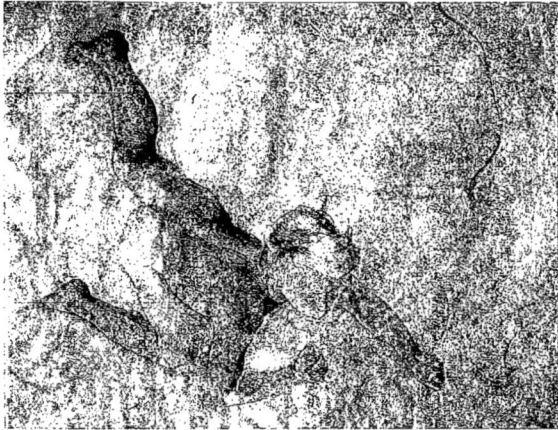

MOREAU-NÉRET — *Eros*.

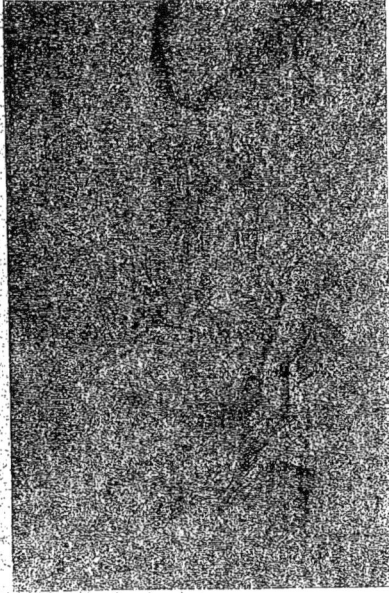

DORIAT. — *Etude.*

POINT (A.) -- *Tête de rêve.*

Natoi. — *Satyre.*

MARTIN (D.) — *La mort de Méléagre.*

LA FAGE (R. DE). — *Apollon et Daphné.*

MUNIER — *Vision.*

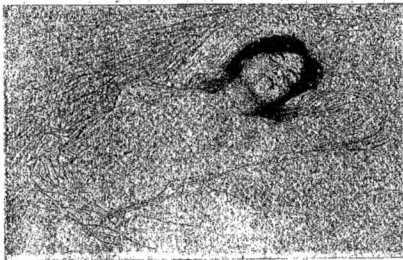

Point (A.). — *Sommeil.*

POINT (A.). — *La Comète.*

Summer. — *En-tête décoratif.*

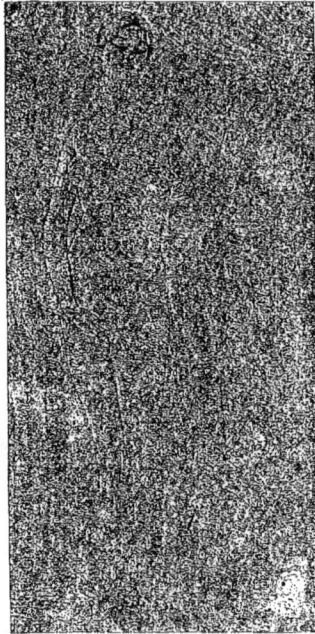

POINT. (A). — *Etude pour* « Au bord de l'Eurotas ».

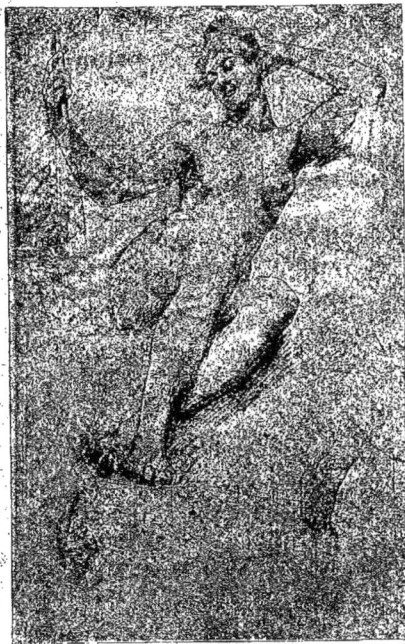

Moreau-Néret. — *Diane (étude).*

BÉRENGIER. — *Etude.*

BÉRENGIER. — *Patricienne*.

BÉRENGIER. — *Tête d'éphèbe.*

OSBERT. — *Étude de Berger.*

Osbert — *Etude.*

VIANI. — *Le Temps.*

MOREAU-NÉRET. — *Décoration*.

L'ILLUSION

Jᴏʜɴ Cʟᴀʀᴋ. — *L'Illusion*.

POINT (A.). — *Etude mystique.*

Etude.

VANNES
Imprimerie Lafolye

NOTES POUR L'HISTOIRE LITTÉRAIRE

REFUS DE L'ODÉON

LE PRINCE DE BYZANCE

Drame wagnérien en cinq actes,

A été refusé au théâtre national de l'Odéon, le 7 avril 1890,
en ces termes courtois, par M. Porel :

Monsieur,

La situation de Cavalcanti, qui croit le prince Tonio un homme et qui l'aime « mystiquement »; celle de Tonio se disant androgyne ou ange ; l'accusation de sodomie lancée par la marquise sur vos deux héros : tout cela ferait votre drame effroyablement dangereux à la représentation. De plus, si étrange, si curieux qu'il soit, il est d'une longueur formidable. Enfin, ce qui est plus grave, je crains bien que le public ne puisse comprendre les sentiments et le langage de vos personnages. Il y a dans votre œuvre du mysticisme, du néo-platonisme, de la philosophie quelque peu ténébreuse, des abstractions... de très belles choses qui, à mon avis, effrayeraient la grande masse des spectateurs, à qui je dois songer malheureusement en montant une pièce qui coûterait fort cher.

Pour ces raisons, Monsieur, j'ai le regret de ne pouvoir accepter votre drame le *Prince de Byzance.*   PoreL.

REFUS DE LA COMÉDIE-FRANÇAISE

LE PRINCE DE BYZANCE

Drame wagnérien en cinq actes,

A été refusé au théâtre national de la Comédie-Française, le 27 mai 1891, en ces termes archi-courtois, par M. Jules Claretie :

Cher Monsieur,

Je ne vous conseille point de présenter officiellement le *Prince de Byzance* aux lecteurs de la Comédie.

Ils vous diraient, après moi, que votre drame romanesque ne serait certainement pas reçu par le Comité.

« C'est mon *Rienzi,* m'avez-vous dit quand vous me l'avez apporté, mon *Rienzi* en attendant mon *Lohengrin.* »

Eh bien, dans un drame, toute la musique du monde ne peut remplacer l'action, une action claire, précise, nettement définie.

La forme, quelque précieuse qu'elle soit (précieuse dans le bon sens), ne donne pas la vie aux êtres que le public doit et veut comprendre. Le lyrisme de vos personnages ne remplace pas l'humanité, qui, sur les planches, les misérables planches, est la grande et peut-être la seule vertu.

Je ne méconnais pas l'œuvre d'art que vous m'avez fait lire, mais je ne crois guère à la possibilité de la représentation du *Prince de Byzance* sur un autre théâtre que celui que pourrait diriger quelque roi de Bavière.

En France, l'art dramatique ne chevauche pas encore sur un cygne.

Et maintenant, allez-vous encore me trouver le mieux bienveillant des écrivains? Je crains que non. Mais je suis, de vos lecteurs, le plus attentif et le plus curieux, un des plus dévoués aussi, et je reste cordialement à vous.   Jules Claretie.

11

LE FILS DES ÉTOILES

WAGNÉRIE KALDÉENNE EN 3 ACTES

DU

SAR PELADAN

Refusé à la Comédie-Française le 3 mars 1892.

CHER MONSIEUR,

J'ai lu le *Fils des Étoiles*. C'est un poème dialogué d'une belle langue savante, mais ce n'est pas un drame. Je ne crois pas que, continuant sur ce ton, vous puissiez faire œuvre qui rencontre un théâtre pour être présentée au public. Votre pièce est quelque chose comme de la musique littéraire ; elle ne s'adresse qu'à quelques artistes et je dirai presque à quelques initiés.

Vous me demandez mon sentiment très net, je vous le donne. Vous ajoutez qu'il peut être sévère. Non, il ne l'est pas. On a toujours un faible pour une œuvre d'art.

Croyez, je vous prie, cher Monsieur, à ma sympathie littéraire, et au plaisir que j'ai à lire vos livres, moi qui ai connu Éliphas Lévi, il y a déjà longtemps.

Très cordialement à vous.   JULES CLARETIE.

A été représenté pour la première fois aux soirées de la Rose † Croix le 19 mars 1892.

L'Androgyne Œlohil a été créé par......... Mlles MARCELLE JOSSET.
Izel... SUZANNE AVRIL.
La Courtisane .... RENÉE DREYFUS.
L'Archimage d'Ercek..................... MM. MAURICE GRIVAL.
Le Patesi Goudéa......................... REIGERS.

L'ŒUVRE

PÉLADANE

Les œuvres du Sar appartenant à l'Ordre, on peut les demander au Secrétariat, 2, rue de Commaille, à Paris.

En envoyant un mandat-poste du prix marqué, on les recevra *franco*.

SCHÉMA DE CONCORDANCE

PREMIER SEPTÉNAIRE

I. — **Le Vice suprême** : diathèse morale et mentale de la décadence latine : *Mérodack*, sommet de volonté consciente, type d'entité absolue ; *Alta*, prototype du moine en contact avec le monde ; *Courtenay*, homme-destin, insuffisant, envoûté par le fait accompli social ; *L. d'Este*, l'extrême fierté, le grand style dans le mal ; *Corysandre*, la vraie jeune fille ; *La Nine*, androgyne mauvais, ou mieux, gynandre ; *Dominicaux*, pervers conscients, caractère d'irrémédiabilité résultant d'une théorie esthétique spécieuse pour chaque vice, qui tue la notion et partant la conversion. Chaque roman a un Mérodack, c'est-à-dire un principe orphique abstrait en face d'une énigme idéale.

II. — **Curieuse** : phénoménisme clinique collectif parisien. Éthique : *Nébo*, volonté sentimentale systématique. Érotique : *Paule*, passionnée à prisme androgyne. La Grande horreur, la Bête à deux dos, dans la *Gynandre* (IX), se métamorphose en dépravations unisexuelles: *Curieuse*, c'est le tous les jours et le tout le monde de l'instinct ; la *Gynandre*, le minuit gothique et l'exceptionnel.

III. — **L'Initiation sentimentale** : les manifestations usuelles de l'amour imparfait, expressément par tableaux du non-amour, car de l'âme moderne générale, faute d'énorme sentimental chez l'individu.

IV. — **A Cœur perdu** : réalisation lyrique du dualisme par l'amour ; réverbération de deux moi jusqu'à saturation éclatante en jalousie et rupture ; restauration de voluptés anciennes et perdues.

V. — **Istar** : la race et l'amour impuissants dans la vie moyenne. Massacre nécessaire de l'exception par le nombre, ligue antiamoureuse des femmes honnêtes transposant la pollution en portée de haine.

VI. — **La Victoire du mari** : la mort de la notion du devoir, le droit nerveux de la femme. Antinomie croissante de l'œuvre et de l'amour ; corrélation de l'onde sonore et de l'onde érotique ; invasion des nerfs dans l'idéal.

VII. — **Cœur en peine** : départ d'un nouveau cycle, *Tammuz* n'y est qu'une voix qui prélude aux incantations orphiques de *la Gynandre* ; *Bélit* passive, radiante, y perçoit sa vocation d'amante de charité qui s'épanouira dans la *Vertu suprême*. Elle y évoque une des grandes gynandres. *Rose de Farentine* (XI). — Roman à forme symphonique, préparant à des diathèses animiques invraisemblables, pour les superficiels lecteurs de M. de Voltaire.

~~~~~~~~~~~~

LA DÉCADENCE LATINE

SECOND SEPTÉNAIRE

VIII. — **L'Androgine**, monographie de la puberté, départ pour la lumière d'un œlohite, *Samas*, épèlement de l'amour et de la volupté. Restitution d'impressions éphébiques grecques à travers la mysticité catholique. Clef de l'éducation et anathème sur l'Université de France. La quinzième année du héros moderne, c'est-à-dire du jeune homme sans destin que son idéal ; monographie de toute la féminité d'aspect et de nerfs compatible avec le positif mâle.

Stelle de Sénangues, étude de positivité féminine: puberté de *Gynandre* normale.

IX. — **La Gynandre**, phénoménisme individuel parisien. Éthique : *Tammuz*, protagoniste ionien orphique, réformateur de l'amour ; victoire sur le lunaire. Érotique : usurpation sentimentale de la femme. Grande Gynandres, Rose de Faventine, Lilith de Vouivre, Luce de Goulaine, Aschera, Aschtoret, personnages réapparaissant de l'*Initiation sentimentale*. L'Habitarelle, la marquise de Nolay, Lavalade y reparaissent aussi. La Nine en partie des dominicaux. En ce livre se retrouve le grouillis de soixante personnages qui fait préférer le I de l'Ethopée aux suivants ; en ce livre aussi toutes les déformations de l'attrait nerveux, les antiphysismes et la psychopathie sexuelle, d'où il découlera que les auteurs récents ont touché à cette matière en malpropres et en niais.

X. — **La Panthée** : l'impossibilité d'être pour l'amour parfait, sans la propicité de l'or. Amour parfait entre deux œlohites, égrènement des circonstances plus fortes que la beauté et le génie unis par le cœur. Démonstration que l'amour dans le mariage ne peut être tenté que par les riches ou les simples.

XI. — **Typhonia**, héros : Siu et Nannah. Stérilisation de l'unité lyrique par le collectif provincial. Démonstration de la nécessité de la grande ville pour désorienter la férocité de la bourgeoisie française ; sermon du P. Alta sur le péché de haine ou péché provincial.

La province n'existe pas pour la civilisation : le vice lui-même ne la polit pas. Aucun génie ne résiste au face-à-face avec la province. Envoûtement par le collectif.

XII. — **Le dernier Bourbon**. La race et l'honnêteté décadentes plus funestes que la vulgarité et le vice. Problème de la politique. La raison monarchique et la déraison dynastique en ce cas : Chambord. Personnages du *Vice suprême* : le prince de Courtenay, le prince Balthasar des Baux, Rudenty (*Curieuse*), Marestan, duc de Nîmes, Marcoux. Peinture du dernier boulevard de légitimité, pendant l'exécution des décrets de l'infâme Ferry ; étude des progressions animiques collectives et de l'âme des foules. Horreur de la justice française, billevesées de la légalité. Démonstration que les catholiques français sont des lâches, et que l'histoire de ce pays est finie. Dans la chronologie de l'Ethopée, le XII est antérieur au *Vice suprême*. On y voit les débuts de Marcoux, l'élection de Courtenay.

XIII. — **La Lamentation d'Ilou** : défaite des grandes volontés de lumière : Ilou, Mérodack, Alta, Nébo, Nergal, Tammuz, Rabbi-Sichem, du *Finis Latinorum* : Oratorio à plusieurs entendements. Jérémiades où Alta donne la preuve théologique ; Nergal, psychique ; Tammuz, érotique ; Sichem, comparée ; Mérodack, magique ; Ilou, extatique, que la Latinité est finie.

XIV. — **La Vertu suprême** : le « quand même » des volontés de lumière, après l'évidence de l'irrémissible damnation du collectif.

Mérodack y réalise tout à fait la Rose-Croix commencée au château de Vouivre (VII). Bélit tient le premier plan féminin avec la plupart des gynandres (IX) ; Tammuz, Alta, Sichem, Nébo, Paule Riazan, Samas y rayonnent. Les originaux du salut, excentriques de la vertu, poètes de bonté et artistes de lumière : *aristie future !*

AMPHITHÉÂTRE DES SCIENCES MORTES

I. — ÉTHIQUE

COMMENT ON DEVIENT MAGE

1 vol. in-8 de xx-308 pages à 7 fr. 50

II. — ÉROTIQUE

COMMENT ON DEVIENT FÉE

Un volume in-8 à 7 fr. 50

III. — ESTHÉTIQUE

COMMENT ON DEVIENT ARTISTE

1 vol in-8 à 7 fr. 50 (*En préparation*).

PROGRAMME DE LA GESTE

1, 2, 3 Avril, à 3 heures de l'après-midi

LE FILS DES ÉTOILES

WAGNÉRIE EN TROIS ACTES DU

SAR PELADAN

L'Androgyne Gélohil...............................	Mlles	NAU.
Izel...		CORYSANDRE.
Goudéa...	M.	VAYRE.
L'Archimage		
La Courtisane sacrée		
Chœurs		

Les 5, 7, 9, 11, 13

BABYLONE

TRAGÉDIE EN QUATRE ACTES DU

SAR PELADAN

Le Sar..	MM.	V. HATTIER.
Nakhounta......................................		DAUMERIE.
Samsina..		CORYSANDRE.
Sinnakirib.....................................		R. ✝ C.
An-Ipnou.......................................		R. ✝ C.
Uruck..		R. ✝ C.
Gardes...		R. ✝ C.

DEUX SÉANCES DE VIOLON

DE

Madame CORRYLANGE MOOGENBOOM

TARTINI.........	*Cadenza del Diavolo.*
S. BACH.........	*Sonate (op. 4).*
BEETHOVEN......	*La Sonate en la.*
Etc., etc.	

LECTURE AU PIANO IN-EXTENSO

DE

PARSIFAL

Par BENEDICTUS

AVEC UNE CONFÉRENCE DU SAR

SUR LE MYTHE DU GRAAL ET SON SENS MAGIQUE

Un programme détaillé sera publié le jour du vernissage.

Entrée des banquettes, gratuite; fauteuils, 3 fr.; chaises, 50 c.

Les Jeudis 6, 13, 20 et 27 Avril, à 3 heures et demie.

UNE HEURE DE MUSIQUE CLASSIQUE
Par Madame SAILLARD-DIETZ
Avec le concours des ENSEMBLES VOCAUX, dirigés par
M. CHRIST-GALLIA

Programme du jeudi 6 avril

1. Concerto en *ré mineur*.............. .... MENDELSSOHN.
   (Allegro, Adagio, Presto, Scherzando.)
   Avec accompagnement d'un second piano.
2. « *Alla riva del Tebro* ».......... .... PALESTRINA.
   Madrigal à 4 voix sans accompagnement.
3. *a.* 1ᵉʳ et 2ᵉ Valse........ .... ⎫
   b. Bagatelle .. .. ⎬ BEETHOVEN.
   c. Marcia funebre sulla morte d'un Eroe.... ⎭
4. « Fuyons tous d'Amour le jeu ».......... ROLAND DE LATTRE.
   Chanson à 4 voix sans accompagnement.
5. *a.* Nocturne en *mi bémol*...... .... ⎫ CHOPIN.
   b. Mazurk en *si mineur*................. ⎭

Programme du jeudi 13 avril (*).

1. Allegro de la Sonate en *ut majeur* (1ᵉʳ manʳ). BEETHOVEN.
2. Allegro de la Sonate appassionata (3ᵉ manʳ). BEETHOVEN.
3. *a.* Impromptu Fantaisie.................... ⎫ CHOPIN.
   b. Valse................................ ⎭

Programme du jeudi 20 avril (*).

1. Sonate en *la majeur*...................... MOZART.
   (Thème et variations, Menuet, Allegrino
   alla Turca.)
2. *a.* Prélude en *ut majeur*.......... .... BACH.
   b. Marche funèbre .. .. CHOPIN.
   c. Berceuse...........'.................. SCHUMANN.
3. Scherzo en *si bémol mineur*..... .... CHOPIN.

Programme du jeudi 27 avril (*).

1. Sonate en *la* (à Kreutzer).................. BEETHOVEN.
   (Andante et Variations, Presto.)
   Pour piano et violon
2. *a.* Impromptu en *la bémol* .... ⎫ CHOPIN.
   b. Deux Valses....................... ⎭
3. Concerto en *sol mineur*. ......'......... MENDELSSOHN.
   (Allegro con fuoco, Romance, Finale.)
   Avec accompagnement d'un second piano.

(*) Le programme des Ensembles vocaux sera arrêté ultérieurement
pour les concerts des 13, 20 et 27 avril.

PIANOS PLEYEL, WOLF ET Cᵉ.

L'ŒUVRE PELADANE

EN 1893

XIIe ROMAN DE LA DÉCADENCE LATINE :

LE DERNIER BOURBON

AMPHITHÉATRE DES SCIENCES MORTES
COMMENT ON DEVIENT ARTISTE

L'ART IDÉALISTE ET MYSTIQUE
DOCTRINE DE LA ROSE † CROIX
Par le Grand Maître de l'Ordre

1 vol. in-18 jésus.

Le Sar avait hésité par son ignorance des musées de Belgique et de
Hollande, il avait remis la conclusion de sa théorie esthétique à son retour d'Anvers et d'Amsterdam, par probité intellectuelle.

Les soins du Salon l'ont empêché de tenir parole et cette publication
est reculée à octobre 1893.

THÉATRE :

BABYLONE
TRAGÉDIE WAGNÉRIENNE EN 4 ACTES

En œuvre :

LE MYSTÈRE DU GRAAL
Mystère en cinq actes.

LE MYSTÈRE DE ROSE†CROIX

LA ROSE✝CROIX

ORGANE TRIMESTRIEL DE L'ORDRE

30, rue de Lille

PREMIER FASCICULE : MAI

RÈGLE ESTHÉTIQUE DU SECOND SALON

DE LA ROSE ✝ CROIX

(Mars-Avril 1893)

Suivie de la critique des Champs-Élysées

DEUXIÈME FASCICULE : AOUT

RÈGLE ESTHÉTIQUE DU SECOND SALON

DE LA ROSE ✝ CROIX

(Mars-Avril 1893)

Suivie de la critique du Champ-de-Mars

Chaque fascicule : 60 centimes

TROISIÈME ET QUATRIÈME FASCICULES : 31 OCTOBRE-31 JANVIER

CONSTITUTIONS IN-EXTENSO

DE L'ORDRE DE LA ROSE ✝ CROIX, DU TEMPLE ET DU GRAAL

Les 3ᵉ et 4ᵉ fascicules : 1 fr. 50

Paris. — Imp. Paul Dupont (Cl.) 239.3.93.

SALON DE LA ROSE † CROIX

ALIGI.

276 — *La Cour du Soleil.*

ASTOR (Sir).

277 — *Le Rêve de l'éphèbe.*

BACCIO.

278 — *Scène homérique.*

BARDON.

279 — *Justicio et Pax.*

BÉRENGIER.

280 — *Patricienne.*
281 — *Clouet.*
282 — *Religieuse.*
283 — *Missel.*
284 — *Faïence.*

BINGHETTI.

285 — *Ardiane.*

BLOCH (Roger).

286 — *Virginale dolence* (sculp.).

BOURDELLE.

287 — *Enterrement en forêt* (dessin).
288 — *Deuil* (dessin).
289 — *Sommeil* (dessin).
290 — *Bacchus endormi* (sculp.).
291 — *Marsyas.*
292 — *Prière des blés* (sculp.).
293 — *Le Rire* (sculp.).
294 — *Femme riant aux caresses de la mer* (sculp.).
295 — *Invention de la sculpture* (sculp.).
296 — *Douloureuses pensées* (dessin).
297 — *Le départ* (dessin).
298 — *Rêve de pastoure* (dessin).
299 — *Fleurs de pommiers* (dessin).
300 — *Les pleurs* (dessin).
301 — *Visions intérieures* (dessin).

302 — *L'Innocent* (dessin).
303 - *Crépuscule et prière* (dessin).
304 — *La Tristesse des étoiles* (dessin).
305 — *Amertume* (dessin).
306 — *Peintures.*
307 — *Le Rêve.*
308 - *Le Laurier.*
309 — *Michel-Ange Buonarotti.*
310 — *Études.*
311 — *Étude.*
312 — *L'Amour agonisant.*
313 — *Sourire.*
314 — *Amertume.*
315 — *Méduse.*
316 — *Étude.*
317 — *Eve.*
318 — *Jeanne d'Arc.*

BUONSIGNE.

319 — *Pieta.*

CORNILLIER.

320 — *Eventail.*

DÉLOYE.

321 — *La Gloire couronnant Th. Gautier* (bas-relief bronze).

DENEUX.

322 — *Tête.*

DESBOUTINS (Marcellin).

323 — *Portrait de Villiers de l'Isle-Adam.*
324 — *Portrait de Gauthier (Théophile),* signé mars 1829.
325 — *Celle-ci et celle-là.*
326 — *Portrait d'après Théodore Chassériau.*

DESBOUTINS.

327 — *Judith.*

DUMONT.

328 — *Sainte.*

DUVERNOY.

329 — *Voyage à Cythère.*

DE LA FAGE.

330 — *Mariage de la Vierge.*

FARETTI.
331 — *Amours.*
332 — *Frise d'Amours.*

FOSCO (Andrea).
333 — *Etude pour une Assomption.*

GIACOMETTI.
334 — *Vierge et deux Saints.*

HABERT.
335 — *La Syrène.*
336 — *L'Ame d'Ophélie.*

LANDELLE.
337 — *Papillons de nuit* (gravure).
338 — *Oiseaux de passage* (gravure).
339 — *Christ sur les eaux* (gravure).

LECLÈRE.
340 — *Têtes d'expression.*

LESOBRE.
341 — *Jardinier.*

LEVREUX.
342 — *Mort d'un prophète.*

MASSY (Baron de).
343 — *Dernier regard sur la vie* (sculpture).
344 — *L'Amour et le Crâne* (sculpture).
345 — *Le Baiser* (sculpture).

MELOZZO.
346 — *Saintes Femmes.*

MOIREN.
347 — *Deux Etudes de Nu.*
348 — *Tête* (sanguine).

MONCENI.
349 — *Extase.*

MOREAU-NERET.
350 — *Bacchanale* en camaïeu.

NATOIRE.
351 — *Faune.*

NOEL.
352 — *Lithographie.*

PASSERI.
353 — *Sacrifice d'Élie.*
354 — *Nativité.*

PLOUMIT.
355 — *La Samaritaine.*

POINT.
356 — *Étude de Baigneuse.*
357 — *Profil.*
358 — *Étude de Femme.*
359 — *Autre Sourire.*
360 — *L'Attentivité.*

RAMBAUD.
361 — *Agrippa d'Aubigné* (sculpt.).

RÉGAMEY.
362 — *Fantaisie d'après Loti.*
363 — *Jeune Bonze.*
364 — *Panneau d'un temple.*
365 — *Amateur de dessins.*
366 — *Yonekitché.*
367 — *Yokohama.*
368 — *Dame lettrée.*

SAINVILLE.
369 — *L'Ennui.*

SARTORIO (Rome).
370 — *Grâces modernes.*
371 — *Le Souvenir.*

WETTERHOFF-ASP (Finlande).
372 — *Sigurd.*
373 — *Tête de Aino* (sculpt.).

SMEDT (R. de).
374 — *Satyre.*

TIPHERETH.
375 — *Masque féminin* (étude).

SONNETTI-POZZI.
376 — *Studium* (sculpt.).

VALLGREN.
377 — *Caïn* (plâtre).
— *Déluge* (pierre).

WILLETTE.
378 — *Fantaisie.*

Paris. — Imp. PAUL DUPONT (Cl.) 239.3.93.

Breveté

de

REDFERN

242 — Rue de Rivoli — 242

PARIS

TAILLEUR POUR DAMES ET COUTURIER

EN HIVER

NICE. 26, Boulevard Victor-Hugo
MONTE-CARLO. — Avenue de la Costa
CANNES. Villa Denise. Boulevard de la Croisette

L'ÉTÉ

AIX-LES-BAINS. Avenue Marie

ROBES -- MANTEAUX -- JAQUETTES